フリーランス・個人事業主

実は
申告した
ことない

今まで
適当に
済ませてた

3年目
からはじめる

確定申告の
しかた

確定申告と向き合うことは、事業と向き合うこと

　皆様、こんにちは。税理士の田口です。筆者は、20年以上にわたり、多くのフリーランス・個人事業主の方々の確定申告をお手伝いしてきた税理士です。筆者自身も個人事業主です。

　最初にフリーランスの方にお会いするとき、ほとんどの方は税金についてこんな認識をお持ちです。

「確定申告は黒字になったときにすればいいと思うのですが」
「お客さんからもらった金額から自分が使った金額を差し引いた手残りに、税金がかかるんですよね」
「税金を払うためにお金の管理に手間をかけるなんて、なんだか割に合わない」

　実は、これらはすべて誤解です。

　友人から聞いた、インターネットで見た、どこかで聞いたわけではないけど常識で考えてそうであるはず……等々、そう思った理由には様々なものがあると思いますが、実際に運用されている、国や自治体が国民から税金を集める仕組みとは、かなりズレがあります。
　この誤解を抱えたまま過ごしていると、かなり痛い目を見ることになります。

　税務調査で指摘されて多くの税金を払わなければならなくなるリスクがあるのはもちろんですが、確定申告と向き合うことは、自分の事業やお金と向き合うことを意味します。今後ずっとフリーランスとして生きていくと決めたのであれば、確定申告とはきちんと向き合ったほうが長期的に見て絶対にプラスです。

　会社員を辞めて、フリーランスになった当初は、事業のことが最優先で、生きていくのが精いっぱい、税金のことは後回しだったという人が多いで

しょう。確定申告なんてしたことがないという人もいるかもしれません。

　しかし、フリーランス・個人事業主となって3年が経過した人であれば、そろそろ長期的な視野で今後のことを考え始めるのではないでしょうか。安定的に収入が見込めるようになり、どうやら会社員に戻ることなくこのままやっていけそうだ、やっていく覚悟ができてきた。

　そうすると、お金の管理の面もそろそろきちんとしなければ…と考え始めるのは自然なことです。とはいえ、不安を抱えながら確定申告をする人も多いのではないでしょうか。

　今の生活を維持したいし、税務調査も怖い。逆に節税もできてお得なこともあるとも聞く。いざというときに備えて保険に入ったほうがよいかもしれない。でも実際に確定申告をやってみたところ、何をどう記録しておけばよいのか、何を経費にすればいいのかわからないし、間違えてしまったら追加で多額の税金を取られるのではないか。

　本書は、そんな方のために、確定申告との向き合い方と実際の進め方をやさしく解説する本です。いま誤解を抱えている方も、不安でいっぱいの方も、きちんと知識を身につけ、確定申告と向き合うことができれば、何も怖いことはありません。

　正面から確定申告と向き合うことで、事業が安定し、生活が安定するパターンは本当に多いのです。筆者はそういった方を何人も見てきました。

　確定申告と向き合うことは、ご自身の事業と向き合うことなのです。

　逆に、どうしても向き合ってもらえず、事業がうまくいかなくなって、そのまま連絡が途絶えてしまったことも……。事業のお金と個人のお金を区分して認識できないので、資金繰りが見えなくなりやすいのです。

　読者の皆さんが本書を参考にして、自分らしい働き方や生き方を実現していくことができるよう、心より祈念します。

田口　渉

Contents

確定申告と向き合うことは、事業と向き合うこと

第 **1** 部
そろそろ確定申告しなきゃと思ったら

第 **2** 部
確定申告書が完成に至るまでの道のり

第**3**部
こんなときどうする？　困ったときのQ&A

第 1 部

そろそろ確定申告
しなきゃと思ったら

1 「フリーランス」と「個人事業主」

　本書のテーマは、「フリーランス3年目の確定申告」です。そもそも、「フリーランス」とは何でしょうか?

　フリーランス協会のホームページ（https://www.freelance-jp.org/）によれば、「フリーランスとは、特定の企業や団体、組織に専従しない独立した形態で、自身の専門知識やスキルを提供して対価を得る人のこと」と定義されています。つまり、フリーランスとは、【誰にも拘束を受けず、自由に、自分が持っている知識・技術を生かして働く人】のことです。

　そして、フリーランスとしての業種は多種多様です。カメラマン、イラストレーター、ウェブエンジニア……etc。ただ、どんな業種であったとしても、フリーランスは誰にも拘束を受けず自由な働き方・自由な活動を行っている人なのです。

　でも、**税金の世界ではフリーランスはみんな個人事業主**です。個人事業主である以上、**確定申告は必要**です。

　本書は、フリーランスの方に読んでいただけるよう執筆しました。特に、フリーランスとして3年間（もしくはそれ以上）活動されてきた方に向けています。石の上にも三年ともいいますように、フリーランスとしての活動も3年ということになれば、だいぶお仕事も落ち着いてきた頃ではないかと思います。

「フリーランスとして、仕事も落ち着いてきました」
「なんとなく、それなりに確定申告してきました」
「今までの確定申告が正しいものなのか、わかりません」

　そんなフリーランスの方に、確定申告の効率のよい方法、注意してほしい点、等々を伝えたいと思っています。最後までお付き合いいただけますと、幸いです。

2 確定申告をフルに活用しよう

そもそも、「確定申告」って？

そもそも、「確定申告」って一体何のための手続きなのでしょうか？

もしかしたら、毎年3月頃までにはやらなくてはならない超面倒な手続き、目的なんて考えたこともない、といった感じでしょうか。

「確定申告」という言葉を広辞苑で引いてみますと、「申告納税を行う場合に、納税義務者が自分でその年度の実績に基づいて、所得とそれに対する税額とを計算し申告納付すること」とあります。

つまり、**国民には、自分が1年間で得た利益に対して所得税を納税する義務があり、それを自分で申告・納税することが確定申告という手続き**なのです。

しかし、「フリーランスになる前は会社勤めをしていたけど、確定申告なんかしたことない」という方もいると思います。

会社勤めで給与・賞与だけをもらっているサラリーマンの場合には、会社が行う年末調整で所得税の計算をしますので、原則として確定申告をする必要はありません。サラリーマンの方が確定申告をするのは、高額の医療費がかかった場合とか、生命保険の満期返戻金を受け取った場合に確定申告をします。

フリーランスは個人事業者であり、自らお仕事をしているのですから、自分が納めるべき所得税を、確定申告という手続きを通じて申告・納税することが必要となります。

確定申告をすること＝学生時代の夏休みの宿題？

確定申告は、毎年3月15日までに行わなければならず、慣れていない人にとっては、「年に一度の面倒な作業」ということになるでしょう。

しかし、頑張って確定申告書を作成したところで一銭の得にもならず、し

かも「所得税」という名のもとに、せっかく稼いだお金まで納めなければなりません。確定申告なんて、何一つとして良いことなどないようにも思います。そして、フリーランスとして、毎日の業務や私生活に忙しく、毎年3月過ぎ頃に「確定申告、やらなきゃ」と焦りだして、結局は学生時代の夏休みの宿題のようにやっつけ仕事で確定申告書を提出している方もいるのではないかと思います。

　本書では、そのような感覚を拭い去っていく展開にできればと思っています。

確定申告をすると所得税が還付される場合も

　確定申告をすると、必ず税金を納めなければならないものなのでしょうか？

　確かに、基本的には確定申告をすることによって、所得税を納税することにはなりますが、必ずしもそうではありません。確定申告をすることによって所得税が還付される場合もあります。例えば、収入金額に対して源泉徴収税が天引きされている場合です。フリーランスの場合、実際に売上として入金された金額が「源泉徴収税を納めた後」の金額である場合があります。

　源泉徴収税については、後に触れていきたいとは思いますが、**売上金額から所得税が源泉徴収されている場合、確定申告をすることによって所得税の還付となる場合があるのです。**

　例えば、デザイナーであるAさんがB社から仕事を請け負って、その仕事の報酬が10万円であった場合、B社はAさんに10万円をそのまま支払うのではなく、10％の源泉徴収をします。この場合ですと、B社はAさんへの支払い金額から1万円の源泉徴収をして、Aには9万円を支払います。

　それでは、この場合、Aさんにとって1万円は所得税の計算上、どのようになるのでしょうか。この1万円については、B社は源泉徴収した所得税として税務署へ納めます。

　そして、Aさんが確定申告をした結果、Aさんの所得税が3千円となったとします。この場合、AさんはB社を通して1万円をすでに所得税を納めていますから、1万円と3千円の差額である7千円は、税務署からAさんの元へ還付されます。すでにAさんの納めるべき所得税額3千円は、源泉徴収税として納められているからです。

つまり、源泉徴収されることによって、Aさんは1万円の所得税の前払いをしたということになるのです。

ただ、これはAさんが確定申告をして「自分の年間の所得税は3千円です」と税務署に伝えたから7千円の還付を受けられるのであって、確定申告をせずにそのままであった場合には還付を受けることはできません。Aさんは確定申告をすることによって、はじめて所得税の還付を受けられるのです。

必ずしも確定申告をすることが所得税の納税となるわけではなく、確定申告することで所得税の還付となる場合もある、ということを理解しておいてください。

フリーランスの収入以外で確定申告が必要な人って？

ちなみに、フリーランスでない人でも、確定申告が必要となる場合があります。

例えば、株式投資をしている人の場合、受け取った配当金は「配当所得」となります。また、株式を売買した場合には「譲渡所得」になります。家賃の収入は「不動産所得」になります。暗号資産の取引は「雑所得」になります。

ここで紹介した以外にも所得はあります。要は、収入金額がある場合には確定申告が原則として必要となる、と理解して問題はありません。

確定申告という制度は、その人の1年間の所得税を計算する制度であって、結果として「所得税を納税する」または「所得税の還付を受ける」ということになるのです。

確定申告をしなかったらどうなる？

それでは、仮に、確定申告が必要な人が確定申告をしなかった場合にはどうなるのでしょうか？

確定申告が必要な人が確定申告をしなかった場合、税務署から問い合わせが来ます。

「自分の収入があるかどうかなんて、税務署が知っているの？」と疑問をお持ちになると思います。

ハイ。税務署は知っています。

より正確に言えば、知る可能性が十分にある、ということになります。どのような時に、税務署が知ることとなるのかですが、まず支払先から「支払調書」という資料が税務署へ送られます。それによって、あなたの収入が把握されます。また、取引先に税務調査が入り、あなたへの報酬が取引先から支払われていることを税務署が把握する場合もあります。

このように、様々な場面において、税務署があなたの収入を知るチャンスはあります。そして、報酬を受け取ったあなたがキチンとその報酬を収入金額として確定申告しているのかどうか、税務署は必ず確認します。

つまり、**収入がある以上は確定申告をする必要がある**のです。

それでは、仮に確定申告が必要な人がしなかった場合はどうなるのでしょうか。

この場合ですが、遅かれ早かれ、確定申告が必要であるにもかかわらず確定申告をしていないことが税務署に知られることとなります。そして、税務署から呼び出しを受け、過去数年に遡って確定申告をし、そこで数年分の所得税を一度に納めることになります。

加えて、延滞税や無申告加算税というペナルティが課されます。毎年申告期限までに確定申告さえしていれば問題なかったものの、余計に税金を支払うこととなるのです。

所得金額が 20 万円以下なら確定申告は不要

先ほど、収入がある以上は確定申告の必要があると説明しましたが、確定申告をしなくてもよい場合もあります。

フリーランスの場合、所得金額（収入から経費を差し引いた金額）が 20 万円以下であれば確定申告をする必要はありません。

しかし、所得金額が 20 万円以下であるかどうかについては、収入と経費を整理して計算しないとはっきりとはしませんので、やはり**フリーランスとして活動している以上は収入と経費の計算は避けて通れない**と言えるのではないでしょうか。

きちんと確定申告をすることは事業の発展につながる

　確定申告をする、ということは税金の計算・納付のためだけではありません。**確定申告をすることは、その人の信用を示すことでもあります。**

　毎年、これだけの金額の収入があってこれだけの金額の所得税を納税している、ということを確定申告書が証明してくれるのです。

　確定申告をすれば、一人前のフリーランスとして社会的信用が得られます。社会的信用を得ることによって、賃貸アパートを借りることもできるし、クレジットカードを作ることもできます。事業運営のためや住宅取得のための資金を銀行から借りることも容易となりますし、事業継続のための補助金の申請も、堂々とできます。

　それに、取引先にとっても、無申告で仕事をしている人よりも、キチンと確定申告をして仕事をしている人とビジネスパートナーとしてお付き合いすることが安心であることは間違いありません。

　確定申告をすることによって、社会的信用を得ることができるのです。それはすなわち、今後の事業の発展にもつながります。

　確定申告書は、その人の社会的信用を示すための証明書なのです。

税金を払うことは馬鹿なこと？

　ところで、「納税」という言葉にアレルギーを持つ方もいると思います。「税金を払うこと＝賢くないこと」といったイメージでしょうか。

　以前、私のところに来た確定申告で来られた方で、こんな方がいました。

　その方は、会社員から独立して飲食店を開業された方でした。初めての確定申告ということで来られたのですが、開口一番、「先生に頼めばどのくらい節税できるのですか？　自分は、馬鹿じゃないので、税金は払いたくないのです」と言いました。

　馬鹿じゃないので、税金は払いたくない。この言葉には、返す言葉が思いつきませんでした。

　その方は開業1年目で、所得税の納税が必要となる確定申告ではありませんでした。節税できるか否か云々、という問題以前の状況ではありました。つまり、その人が馬鹿であろうがなかろうが、所得税を払う必要はなかったのです。

けれども、税金を払うことは馬鹿なことなのでしょうか。

言い換えれば、個人事業者として税金を少なくすることは賢いこと、なのでしょうか。

私は、違うと思います。税金は、定められた方法によって正確に納税をすればいいのです。そして、余計に税金を払う必要は全くありません。徒に税金の金額を少なくしようと努力して、あげく税務調査によってその指摘を受けて、加算税等の余計な税金を納めなければならない結果となってしまった、ということもあります。

定められた方法によって、正確に納税をすることが最も重要な節税策です。

さらなる節税対策は、事業が相当に拡大して多額の税金を支払うことになった時に考えればいいことです。事業をスタートしたばかりの段階では、現在の事業の維持・発展を心がけて、それに見合う「正確な所得税」を計算して納税することが、最も効率がよく、重要な節税策です。

3 フリーランスが払う税金の種類

　ここで、フリーランスが払う税金の種類について説明していきます。

　フリーランスが払う税金としては、まず収入（所得）に対して課税される**「所得税」**と**「住民税」**があります。

　そして、収入（所得）が一定金額を超えたときに支払うこととなる税金としては**「消費税」**と**「事業税」**があります。

　確定申告するによって支払う税金の金額が決まるのは「所得税」と「住民税」です。消費税と事業税も確定申告をすることによって支払う税金の金額が確定するものではありますが、ここでは、**「所得税と住民税は確定申告をすることによって支払うべき税金の金額が確定する」**、と理解しておいてください（消費税と事業税については、第3部をご確認ください）。

　その他に、税金としては、契約書を取り交わす時に必要となる「印紙税」や自動車を所有していれば支払うこととなる「自動車税」があります。

　ちなみに、国民健康保険料を「国民健康保険**税**」と称している地方公共団体がありますが、これは名称の違いであって、厳密な意味では国民健康保険税は税金ではありません。徴収する方法が税法に基づいているから、という理由で国民健康保険**税**という名称を使っているのです。

　国民健康保険税は、国民健康保険料としての社会保険料を意味します。

4 青色申告か白色申告かの選択

　確定申告をする際に、よく「青色申告」「白色申告」という言葉を聞くと思います。

　事業されている方の場合には、自分の確定申告をする際には、法律では原則として白色申告で確定申告することになっていますが、フリーランスの方々はほとんどの方が青色申告で確定申告をしているでしょう。

　青色申告とは、正確に収入と支出を帳簿書類に記入して確定申告をすれば、その見返りとして様々な税務上の特典が受けられます、という制度です。つまり、**青色申告者であればそれだけで節税になる**のです。

　なお、青色申告者として確定申告をすれば受けられる主な税務上の特典は、次のとおりです。

> ■**青色申告者が受けられる税務上の特典**
> ① **青色申告特別控除が適用できる**
> ② **必要経費として「青色事業専従者給与」の計上ができる**
> ③ **減価償却の特例が使える**
> ④ **純損失の繰越し・所得税の繰戻し還付が使える**

　これ以外にも、青色申告者に認められる特典はありますが、確定申告でよく使われる主な特典に絞って紹介をしていきます。

　本書では、白色申告については、必要に応じて説明することとし、青色申告を前提として説明を進めていきます。

1 特典① 青色申告特別控除が適用できる

　青色申告特別控除額とは、所得金額から55万円（e-Tax を使用している等、一定の要件を満たす場合は65万円）または10万円を控除する、というもの

です。一定の帳簿書類を整えることによって、青色申告特別控除額を利益から差し引くので、これが一番の特典ではないかと思います。

青色申告特別控除額が55万円（又は65万円）と10万円との２種類に分かれているのは、日々の取引を記録する簿記方式によります。

55万円（又は65万円）の青色申告特別控除を受けるためには、きちんと複式簿記によって日々の取引の記録を行う必要があります。それができなければ、簡易の簿記方式ということで、10万円の青色申告特別控除を受けることになります。

55万円（又は65万円）と10万円の青色申告特別控除額、どちらを選ぶかは自分の経理の状況次第、ということになります。

ちなみに、この青色申告承認申請書を提出する時点では55万円（又は65万円）を受けたかったけれども、実際には複式簿記は難しかった、という方は、申告時に10万円の控除を受けることは可能です。

② 特典②　必要経費として「青色事業専従者給与」の計上ができる

青色申告者であるフリーランスになれば、「青色事業専従者給与」として、家族が事業専従者であれば、その家族に対して支払う給与・賞与を経費とすることが認められます。

ただし、認められる要件として①青色申告者と生計を一にする家族であること、②事業専従者が15歳以上であること、③青色申告者の事業に専ら従事していること（年間6か月超の期間で従事していること）、が必要となります。

生計を一にする、とは、分かりやすく説明すれば、同じ財布で生活していることです。必ずしも、同居している必要はないのです。住まいが別であっても、生活費の基が同じであれば、生計を一にしていることになります。

そして、**青色事業専従者給与を支払う場合には、事前に「青色事業専従者給与に関する届出書」を税務署に提出している必要があります。**

青色事業専従者給与に関する届出書は、国税庁のホームページよりダウンロードできます。

青色事業専従者給与に関する届出書には、青色事業専従者の氏名、職務の

内容、給与の金額、支給期などを記載します。**届出書の提出期限は、原則として適用を受けようとする年の3月15日まで**となっているので注意が必要です。

　さらに注意しておきたいのは、例えば、青色事業専従者給与の金額を増額するように、**この届出書の内容に変更が生じた場合には、再度提出する必要がある**、ということです。変更の場合には、遅滞なく提出することが求められておりますので、変更が生じたらば忘れないうちに提出しましょう。

　青色事業専従者給与については、税務調査においても問題となりがちな項目です。そこで、青色事業専従者給与のポイントを挙げておきます。

> **■青色事業専従者給与のポイント**
> ① 事業に専従している実態はあるのか
> ② 事業に専従した対価として相当な金額であるのか

　①のポイントは、**事業専従者が実際に専従している実態の問題**です。
　事業に専従している実態がないにもかかわらず、青色事業専従者給与を計上して、税務調査で否認されるという事例はたくさんあります。単に、青色事業専従者給与に関する届出書を提出していれば大丈夫、というわけではありません。**青色申告者の営む事業に専ら従事していることが絶対要件**であることは忘れないでください。
　②のポイントは**青色事業専従者としての金額の問題**です。
　青色事業専従者給与の金額は、納税者本人が自由に決定することが可能です。しかし、それは事業に専従した対価として相当な金額であることが必要なのです。あまりにも**過大な金額を青色事業専従者給与の額として計上することは認められません。**
　どの程度の金額であれば過大だと言われてしまうのか、という点ですが、**青色事業専従者給与の額として計上することによって事業が赤字になってしまうような金額だと問題となる可能性が高い**、と言えます。

事業専従者への退職金

　事業専従者であった配偶者が事業専従者をやめる時、すなわち事業専従者が退職する時に、今までの功労の意味で退職金を支払いたいところです。何故ならば、普通の従業員であれば、やめる時には退職金の支払いをすることは当然であるからです。

　しかし、事業専従者への支払いのうち、必要経費となるのは給与・賞与です。家族へ支払う給与・賞与は原則として認めず、例外として専従者給与・賞与を認めるのが所得税の基本的な考え方となります。したがいまして、専従者への退職金については必要経費とはなりません。

③　特典③　減価償却の特例が使える

　青色申告の特例として、「減価償却の特例」が使えます。

　そもそも、減価償却とは何でしょうか？

　パソコンや自動車といった購入してから数年間は使う物を購入した場合、その金額を全額、購入した年に経費にしていませんか。実は、「それはダメ」というのが法律の原則です。

　減価償却とは、パソコンや自動車といった購入してから何年にも渡って使用する資産を購入した場合に、その購入した金額を何年間かに分けて必要経費とすることです。その必要経費とした金額を「減価償却費」として青色申告決算書に計上します。

　確定申告で、減価償却費の計算の対象となる資産は、「原則として取得価格が10万円以上の資産」です。減価償却費は、その資産の種類と使用できる年数（これを「耐用年数」といいます）を基にして計算します。耐用年数は資産ごとに法律で定められていますので、それに従って計算することになります。

　でも、**青色申告者であれば、取得価額が10万円以上30万円未満の固定資**

産については、その全額を、購入した年分の必要経費とすることが認められ
ます。

　これが、「減価償却の特例」です。

4 特典④　純損失の繰越し・繰戻還付が使える

　事業所得の計算の結果、残念ながら赤字となってしまった場合、青色申告
者であれば、その赤字金額（この赤字金額のことを「純損失」といいます）
を翌年以後、3年間にわたって繰り越すことが認められています。

　例えば、今年の事業所得の純損失が50万円となり、青色申告者として確
定申告（事業所得が赤字で申告する場合を「損失申告」といいます）をしま
した。そして、翌年は事業所得で利益が80万円生じましたという場合には、
来年の確定申告では、事業所得の金額は「80万円−50万円＝30万円」と計
算されるのです。

　また、純損失の繰戻還付という特典もあります。純損失の繰戻還付とは、
先の例とは逆で、去年は利益が生じて所得税も納めたけど、今年は残念なが
ら赤字にとなってしまった、という場合です。

　このような場合、去年の利益と今年の赤字を相殺して、去年納めた所得税
を還付してくれます。ただし、確定申告書に加えて「純損失の金額の繰戻し
による所得税の還付請求書」の提出が必要となります。

5 「青色申告承認申請書」の書き方

　青色申告者になるためには、まず所定の手続きが必要となります。勝手に
「自分は青色申告者です！」と宣言するだけでは、認められません。

　青色申告者になるためには、**【青色申告承認申請書】を税務署に提出**する
必要があります。

　青色申告承認申請書は、国税庁のホームページからダウンロードできます。

　**青色申告承認申請書の提出のタイミングですが、原則として「青色申告の
承認を受けようとする年の3月15日まで」となっています**ので、現在、白
色申告者である場合には、直ちに青色申告者となることができずに1年待た
なければならないことになります。

　なお、**新規開業の場合には「業務を開始した日から2月以内」**とされてい

ます。

これが青色申告承認申請書です。

青色申告承認申請書の記入で、特に注意をしておきたいのは、**「6　その他参考事項」** の箇所です。

ここには、**「簿記方式の選択」** と **「備付帳簿名」** という項目があります。

まず、**「簿記方式の選択」** ですが、ここで受けたい青色申告特別控除額を

税務署受付印		所得税の青色申告承認申請書		1 0 9 0

所得税の青色申告承認申請書

		●住所地・○居所地・事業所等（該当するものを選択してください。）
	納　税　地	（〒 *** － **** ） 東京都墨田区東向島● ●● ●
▲ ▲　　税務署長		（TEL　03 － 3610 － 1801 ）
令和　　年　　　月　　　日提出	上記以外の 住 所 地・ 事 業 所 等	納税地以外に住所地・事業所等がある場合は記載します。 （〒　　－　　　） （TEL　　－　　　－　　　）
	フリガナ	○○ ○○ |生年月日| 平成 **年 * 月** 日生
	氏　　　名	○○ ○○	
	職　　　業	ウェブデザイナー |フリガナ 屋　号|

令和　　 * 年分以後の所得税の申告は、青色申告書によりたいので申請します。

1　事業所又は所得の基因となる資産の名称及びその所在地（事業所又は資産の異なるごとに記載します。）

　　名称　　　　　　　　　　　　　所在地

　　名称　　　　　　　　　　　　　所在地

2　所得の種類（該当する事項を選択してください。）

　●事業所得　・○不動産所得　・○山林所得

3　いままでに青色申告承認の取消しを受けたこと又は取りやめをしたことの有無

　(1)　○有（○取消し・○取りやめ）令和　　　年　　月　　日　　(2)　●無

4　本年1月16日以後新たに業務を開始した場合、その開始した年月日令和　　　年　　　月　　　日

5　相続による事業承継の有無

　(1)　○有　相続開始年月日令和　　　年　　月　　日　　被相続人の氏名　　　　　　　　　　(2)　○無

6　その他参考事項

　(1)　簿記方式（青色申告のための簿記の方法のうち、該当するものを選択してください。）

　　　●複式簿記・○簡易簿記・○その他（　　　　　　　　　　　　　）

　(2)　備付帳簿名（青色申告のため備付ける帳簿名を選択してください。）

　　　○現金出納帳・○売掛帳・○買掛帳・○経費帳・○固定資産台帳・○預金出納帳・○手形記入帳
　　　○債権債務記入帳・●総勘定元帳・●仕訳帳・○入金伝票・○出金伝票・○振替伝票・○現金式簡易帳簿・○その他

　(3)　その他

関与税理士		税 務 署 整 理 欄	整　理　番　号	関係部門 連　絡	A	B	C	
			0					
（TEL　03 － 3610 － 1801 ）			通 信 日 付 印 の 年 月 日	確　認				
			年　　月　　日					

決めていきます。

　55 万円（または 65 万円）の青色申告特別控除を受けるためには、複式簿記によって日々の取引の記録を行う必要がありますので、「複式簿記」を選択します。「簡易の簿記方式」を選択すると、10 万円の青色申告特別控除を受けることになります。

　次に、「**備付帳簿名**」ですが、55 万円（または 65 万円）の青色申告特別控除を受けるためには、「仕訳帳」「総勘定元帳」にチェックマークを入れます。

　仕訳帳・総勘定元帳って何？ と思いますよね。

　これら 2 つは、日々の経理を複式簿記でもって行えば、必ず作成しなければならない会計帳簿で、これらを作成した結果、貸借対照表・損益計算書という決算書類ができるのです。

　青色申告特別控除額で 55 万円（または 65 万円）の適用を受けるためには、複式簿記を活用しなければならないので、ハードルはそれなりに高いのです。

　複式簿記について深く説明すると、簿記検定のテキストのようになりますので、その説明は避けておきますが、日々の経理を会計ソフトで処理すれば自ずと出力できる書類ですので、安心してください。

　いやいや、とりあえずは 10 万円の青色申告特別控除で構わないという方は、「現金出納帳」「売掛金台帳」「買掛金台帳」「経費明細書」「固定資産台帳」にチェックマークをしておきましょう。

　現金出納帳などの具体例は、別項目で説明します。

６ 青色申告者になったら、帳簿書類を保存

　青色申告者は、青色申告特別控除額の計上が認められています。それだけ、税金の計算においては優遇されているわけです。そこで、**青色申告者には一定の帳簿書類の備付けと保存の義務がある**のです。

　備付けとは、「いつでも求めに応じて見せることができるようにしておく」ことです。例えば、税務調査の際に、税務調査官から「帳簿を見せてください」と言われたらすぐに見せることができるようにしておくことです。「帳簿？ えっと……どこにしまいこんだかな。ちょっと待ってて」という状態では、帳簿を備え付けているとは言えません。

　保存とは、帳簿書類を保存期間中は廃棄することなく、キチンと保存しておくことです。保存期間は、原則として7年間です（例外として、請求書、見積書、契約書、納品書、送り状等は5年間）。

　ですから、「確定申告も無事に終わったから、もうこの帳簿書類は捨てちゃおう」と勝手に廃棄してしまうことは許されません。保存期間はしっかりと保存しておきましょう。

　この義務の対価が青色申告特別控除額であるといってもよいかもしれません。特典①の「青色申告特別控除額の適用」のところで、「青色申告特別控除額が55万円（または65万円）と10万円との2種類に分かれている」というお話をしました。この控除額の違いによって、備え付けなければならない帳簿書類が違ってきます。

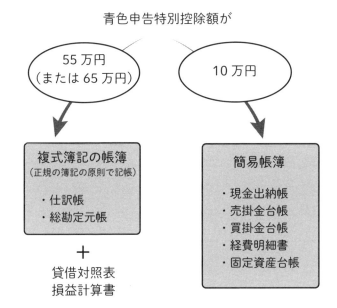

青色申告特別控除額が

55万円
（または65万円）

10万円

複式簿記の帳簿
（正規の簿記の原則で記帳）

・仕訳帳
・総勘定元帳

＋

貸借対照表
損益計算書

簡易帳簿

・現金出納帳
・売掛金台帳
・買掛金台帳
・経費明細書
・固定資産台帳

※前々年分の事業所得の金額（青色事業専従者給与を控除する前の金額）の合計額が300万円以下の人の場合、承認を受ければ「現金出納帳」と「固定資産台帳」だけでも大丈夫です。

　帳簿書類等の保存期間は、次のようになります。

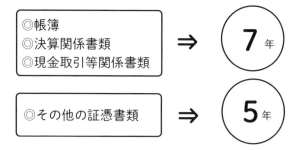

　青色申告者については、税務上の特典が多い分、帳簿書類等の保存期間の義務付けは厳しいものとなっています。

　それでは、何故にこのように義務付けられているのでしょうか。

　それはズバリ、税務調査のためです。

　所得税の時効は、原則的に5年です。脱税等、悪質なことが行われていた場合には7年まで遡ることとなっています。つまり、税務署は通常過去5年分、悪質な場合には過去7年分、確定申告を訂正させる権利があるのです。帳簿書類等の保存期間はそのためにあります。

　きちんと保存していないと、例えば本当に事業に必要な経費であってもその必要性を証明することができず、結果として「払うべき税金を払っていなかった」と認定されてしまい、保管さえしていれば払う必要のなかった税金を支払わなければならなくなる可能性があります。

5 確定申告で作成する書類

　確定申告で作成する書類（提出書類）について確認をしておきます。青色申告者の場合には、確定申告書と青色申告決算書が提出書類となります。

【確定申告書】

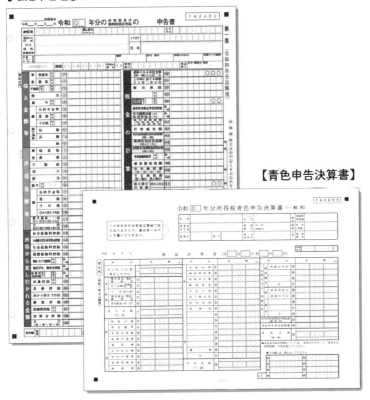

【青色申告決算書】

　青色申告決算書は、業務の収入と費用を記載して、確定申告書に記載することとなる事業所得の金額を計算する書類です。

　確定申告の作業は、青色申告決算書の作成から始まります。

6 税務署から税務調査が来ることも

税金の世界では、「税務調査」というものがあります。税務調査というものにどんなイメージをお持ちでしょうか？

テレビやネットが伝えるニュースの中で「○○株式会社に、脱税容疑で家宅捜索が入る」という報道を目にすることがあります。そこでは、段ボールを抱えた捜査官が何人も建物から出てきている映像が映し出されています。しかし、あれは「脱税者に対する強制調査」であって、通常の税務調査とは異なるものです。

通常の税務調査は、提出された確定申告書の内容の確認作業です。普通に、確定申告をしていれば、何も恐れることはありません。

でも、実際の税務調査とはどんな感じなのか、というのは気になりますよね。

実際の税務調査は、次のような流れになっています。

まず、あなたが確定申告を税務署に提出すると、税務署はその申告内容をチェックします。そして、調査官が「この確定申告書には、何か問題がありそうだ。確認しておきたい」と思った場合に、電話で「確定申告書の内容の確認のため税務調査したい」旨の連絡が入ります。そして、税務調査を行う日程の調整をします。そして、約束した日に調査官が訪れて、税務調査が始まります。

調査官の目的は、確定申告書の内容の確認ですから、税務調査官に対して提示するものは、帳簿書類や領収書といった証憑書類等々を見せます。

「この支出の内容は何ですか？」とか調査官が質問をしてきますので、それに粛々と回答していきます。

そして、「この確定申告書には問題なし」と判断されれば、そのまま終了となります。

仮に、「この部分は誤っていますから、直して、確定申告をし直してください」となれば、修正申告をし、追加の税金を納めることになります。また、逆に税務調査の結果、「税金を納めすぎています」ということになれば、「更

正決定」といって、納めすぎた税金を返してくれます。

　言うなれば、税務調査は、正しく税金が納められているか否かを判断するだけなのです。

　税務調査に問題なく対応するためには、確定申告書の作成の根拠となった資料がキチンと整理されていることが大前提となります。

　根拠となる資料も保管されておらず、質問にもあやふやな回答をしている場合には、調査官は「絶対にどこかに誤りがある」と思い、より踏み込んだ質問をして厳しく追及することになります。

　確定申告書の作成の責任は、納税者本人にあります。税務調査での説明責任も、納税者本人にあります。

　いつか来るかもしれない税務調査に対する対策は、「日々の経理処理」にあると言っても過言ではありません。

第 **2** 部

確定申告書が完成に
至るまでの道のり

確定申告が完成するまでのステップ

　確定申告書は、一朝一夕に仕上げられるものではありません。確定申告書は、日々の経理作業の積み重ねが必要となります。この日々の経理作業の積み重ねをいかに効率よく、楽に行うか、という点が確定申告書を作成するポイントだと言っても過言でないと思います。

　それでは、まず、確定申告書の完成に至るまでの道のりを示してみます。

確定申告書が完成するまでの5ステップ

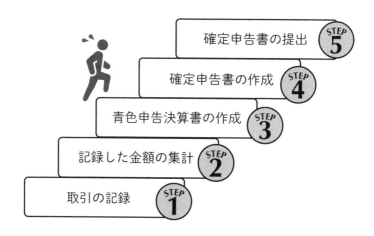

　STEP 1 は、【取引の記録】です。毎日の入金・出金を帳簿に記録していく作業です。いきなりではありますが、これが最も重要な作業ともいえます。できれば、日々毎日行ってほしい作業ではあります。

　帳簿に毎日記録なんてとても無理と思われるかもしれません。

　しかし、帳簿への記録をため込んでしまってはもう苦痛な作業でしかありません。

　帳簿に毎日記録なんてとても無理、という方は、**一定の時間を決めて確定申告のための記録の時間（帳簿づくりの時間）を設けるよう心がける**のはど

うでしょうか。

　帳簿への記録をため込んでしまうから、特別に時間が必要となるのです。日々、こまごまと時間を設けて進めておけば、いざ確定申告期になった時に楽になります。

　STEP 2 の【記録した金額の集計】は、帳簿への記録がしっかりしていれば問題なく進められると思います。確定申告書を期限に余裕を持って提出することを考えれば、できれば毎年2月初めには完了しておきたいところです。

　STEP 3 の【青色申告決算書の作成】は、②で集計した金額を決算書に転記していくことが主な作業になります。ここに至れば、申告期限までを目標に進めていく段階となります。

　STEP 1 〜 STEP 3 の道のりを省略して、確定申告書を作成することはできません。この道のりをしっかりと乗り越えていくことが正しい確定申告書に辿り着くための方法となります。

　毎年、秋ごろには生命保険会社等から控除証明書が届きます。年明けの1月末頃からは売上先が発行した支払調書が届き始めます。生命保険会社等からの控除証明書、売上先が発行した支払証書は、確定申告書の作成の際に必要となりますので、大切に保管しておきましょう。実際の確定申告書の作成が1月末から2月くらい、ということを考えますと、控除証明書・支払調書が手元に届いてから、実際に確定申告書作成の作業に入るまではタイムラグがあります。

　控除証明書・支払調書について、この、手元に届いてから確定申告書作成までのタイムラグの間に紛失する方がいます。発行元に再発行をお願いすることは可能ですが、それなりの手間と時間が必要となります。

　確定申告は、申告期限までにゴールしなければなりません。無駄に時間を費やすのは得策ではありません。決して紛失しないようにしましょう。このことは、医療費に関連する証明書についても同様にいえることです。

　それら証明書等が揃った段階で、STEP 4 の確定申告書の作成に取り掛かります。そして、この後に STEP 5 の確定申告書の提出となります。

まずは、日々の取引を記録していくところから始まります。

　その記録方法ですが、とりあえず、ここでは簿記知識云々は抜きにして、話を進めてみます。日々の取引の記録方法は、簡単な現金出納帳、いわばお小遣い帳のようなイメージをしておきましょう。

1　取引の何を記録していくか

（1）現金・預金の記録（現金出納帳）

　フリーランスとして、業務を行っていくうえで、日々の現金・預金の記録が必要です。その記録の方法を見ていきましょう。

　まず、現金については、このように記録していきます。

X5年 月	X5年 日	勘定科目	相手先	収入金額	支払金額	差引残高	適　用
1	1		前期繰越			5,000	
	5	普通預金	＃＃銀行	10,000		15,000	引出し
	10	旅費交通費	○○電鉄		250	14,750	△△へ訪問
	12	消耗品費	△△電気		5,500	9,250	PCグッズ購入
	13	接待交際費	居酒屋＊＊＊		6,600	2,650	××先生と。
	14	租税公課	□□郵便局		1,000	1,650	印紙5枚
	15	普通預金	＃＃銀行	10,000		11,650	引出し

　このようなフォーマットの金銭出納帳は、文房具店で販売されておりますのでそれを使用してもいいですが、それだと手書きになります。

　手書きは面倒くさい、というのであればExcelなど表計算ソフトで表を作成し、記録していくのでも充分です。むしろ、今は手書きではなく表計算ソフトで記録されている方がほとんどです。

次に、預貯金について見ていきます。

預貯金についても、現金と同様に、こんな感じで記録すればいいと思います。

X5年 月	日	勘定科目	相手先	収入金額	支払金額	差引残高	適用
1	1		前期繰越			100,000	
	5	現金			10,000	90,000	現金へ
	11	売上	○○株式会社	90,000		180,000	請求書（No.12）の入金
	13	売上	＊＊企画	50,000		230,000	請求書（No.13）の入金
	14	通信費	□□モバイル		11,000	219,000	引き落とし
	14	水道光熱費	△△水道局		5,000	214,000	引き落とし
	15	現金			10,000	204,000	現金へ

預貯金についてですが、通帳やインターネットバンキングの入出金明細で内容が明確となるならば、それを記録としても充分です。

ただ、あらかじめ表計算ソフトで記録をしておけば、決算書に金額を記入していく際に、ソートをかけたりすることで集計作業が楽になります。

（2）売上の回収の管理・経費の支払いの管理
（売掛金台帳・買掛金台帳）

現金・預金の管理は、日々の資金繰りを管理する上で大切なことですが、同じくらいフリーランスとして管理しなければならない大切なことがあります。

それは、売上の回収漏れと経費の支払い漏れを防ぐための管理です。

例えば、フリーランスであるあなたがＡ社からある仕事を請け負ったとします。仕事が完了すれば、あなたは当然、Ａ社に報酬の請求書を渡します。Ａ社が直ちにあなたへの報酬を支払ってくれれば問題はありませんが、Ａ社からの報酬の支払いは翌々月とされているとします。そうしますと、Ａ社からの報酬が入金されるまでの間、あなたは「Ａ社から報酬がもらえる」ということを忘れないように記録しておく必要があります。

これを忘れないように記録することが「売上の回収の管理」です。つまり、収入金額の管理です。売上の回収の管理の表が「売掛金台帳」になります。

経費の支払いの管理は、これの逆です。あなたが B 氏に支払わなければならない外注費があったとします。B 氏との約束で「B 氏からの請求書を受け取った月の翌々月に支払います」となっていた場合、あなたは B 氏へ支払わなければならい外注費を忘れてないように記録することが「経費の支払いの管理」です。経費の支払いの管理の表が「買掛帳」になります。

　そこで、どのようにして管理をすればよいのか、ということですが、次のような簡単な表で管理すれば大丈夫です。

○年○月分　売上管理表

取引先名	月　初	当月の売上			当月の回収			月　末
		売上高	戻り・値引き	合　計	回　収	振込手数料	合　計	
○○㈱	110,000	0		0	109,340	660	110,000	0
㈱△△△	55,000	0		0	55,000		55,000	0
□□医院	275,000	0		0	27,000		27,000	248,000
(有)＊＊＊	55,000	0		0			0	55,000
＊＊＊氏	0	11,000		11,000			0	11,000
○○○氏	0	330,000		330,000			0	330,000
(社)●●協会	33,000	0		0			0	33,000
合計	528,000	341,000	0	341,000	191,340	660	192,000	677,000

　　　　　　A 欄　　　　　　　　B 欄　　　　　　　　C 欄　　　D 欄

この表は非常にシンプルです。

　取引先ごとに、A 欄に売掛金の月初残高を記載する。⇒ B 欄に当月の収入金額を記載する。⇒ C 欄に当月の回収金額を記載する。⇒ A＋B－C で計算をした残高を D 欄に記載する。⇒ D 欄の金額を翌月に繰り越していく、という単純な表です。

　ここでは例として売上について示しましたが、経費についても同じ表が使えます。

　市販されている管理表もありますが、上記のような表を表計算ソフトで作成すればそれでよいです。

　自分はまだフリーランスとして取引先が少ないから売上の回収の管理・経費の支払いの管理なんて必要ない、と思われる方もいるかもしれません。

　しかし、取引先が少ないうちに、売上の回収の管理・経費の支払いの管理を始めておくことは重要です。

　フリーランスとしての活動がより一層軌道に乗り、取引先も増えてきた頃からでは、活動も忙しくなっているはずですから、そこから管理を始めようとすることは手間になると思います。

　売上の回収の管理・経費の支払いの管理は、可能な限り早いうちから始めましょう。

業務のための銀行口座の活用

　フリーランスとして独立したならば、業務のための銀行口座を開設し、日々の入出金をそこで管理することをお勧めします。

　業務のための銀行口座に、業務に関連する金銭の支出をその銀行口座に集約させるのです。そうすることによって、収入金額の入金・必要経費の支出が明確となり、事業としての経理が明確となります。

　フリーランスの場合、どうしても業務に関連する入出金と個人的な入出金が混在しがちになります。それを明確にすることによって、確定申告すべき収入金額と必要経費がより正確なものとなります。

（3）経費明細書

　「経費明細書」は、必要経費を勘定科目ごとに管理するための帳簿です。具体例としては、次のようになります。

消耗品

日付		適用	金額	合計
1	12	△△電気　PC グッズ	5,500	5,500
	15	＊＊マート　シャープペン	200	5,700
	16	○○印房　認印	150	5,850
	23	■■販売　A4 用紙	3,000	8,850
		（1 月合計）	8,850	
2	1	○○事務機　コピートナー	2,000	10,850
	5	＊＊マート　封筒	500	11,350
	17	□□屋　タオル	1,100	12,450
	26	●●ストア　ノート	350	12,800
		（2 月合計）	3,950	

　経費明細書の作成の目的は、各勘定科目ごとに各月でいくら必要経費として計上したのか、を管理することにあります。

　したがいまして、表計算ソフトで集計が容易であれば、次のような各勘定科目の金額を月ごとに集計した表を経費明細書として作成してもよいでしょう。

項目	1月	2月	3月	4月		12月	合計
租税公課		200		200		200	2,000
荷造運賃			500				1,000
水道光熱費	3,000	3,000	3,000	3,000		4,000	38,000
旅費交通費	4,000	4,000	5,000	4,000		4,000	50,000
通信費	1,000	1,000	1,000	1,000		1,000	12,000
広告宣伝費						4,000	10,000
接待交際費						3,000	3,000
損害保険料					…		5,000
修繕費				10,000			16,000
消耗品費	5,000	5,000	5,500	5,000		5,000	63,000
給与賃金	50,000	50,000	50,000	50,000		75,000	650,000
外注工賃	20,000	20,000	20,000	20,000		20,000	240,000
地代家賃	50,000	50,000	50,000	50,000		50,000	600,000
支払手数料			250,000			110,000	360,000
専従者給与	80,000	80,000	80,000	80,000		105,000	1,010,000
合計	213,000	213,200	465,000	223,200		381,200	3,060,000

　要は、毎月の経費として計上した金額を管理しておき、青色申告決算書の作成で簡単に転記すればよいようにしておくことが重要です。

（4）固定資産台帳

　固定資産台帳は、固定資産を購入した日・種類・取得価額等を管理するための台帳です。具体的には、次のような表になります。

名称	種類	取得年月日	取得価額	期首帳簿価額	減価償却費	必要経費算入額	未償却残高
事務所	建物	R＊.＊＊.＊＊	2,960,000	2,000,000	40,000	20,000	1,960,000
○○　1台	車両運搬具	R＊.＊＊.＊＊	2,055,528	2,055,528	343,274	240,291	1,712,254
トイレ改修工事	建物附属設備	R＊.＊＊.＊＊	302,400	302,400	37,800	18,900	264,600

　ここで示したものはサンプルになります。青色申告決算書の3頁目「減価償却の内訳」に記載する内容とほぼ同じと捉えて問題はありません。

　減価償却費の計算の対象となるような固定資産がない場合には、作成する必要はありません。

（5）収入・支出の内容を示す「勘定科目」

　日々の記録をしていくうえでは、勘定科目を設定して、それぞれの勘定科目ごとに整理していくことが必要です。このことは、次の STEP 2 【記録した金額の集計】の段階でとても重要な作業となります。それは、勘定科目ごとに集計することになるからです。単に、現預金の入金・出金を記録していくだけでは整理はできません。

　それでは、そもそも、勘定科目とは何でしょう？
　勘定科目とは、その収入・支出の内容に従ってわかりやすく整理するための名前です。
　「どれをどのような勘定科目に設定すればいいのか、サッパリわかりません」という方は多くいます。また、この勘定科目ごとの整理、という段階で、日々の記録の整理をあきらめてしまう方も……。
　記録に使う勘定科目としては、基本的に決算書にあらかじめ印字されている勘定科目を使いましょう。

　そうすると今度は、「どの勘定科目に該当するのか？」という点で迷いますね。
　勘定科目の選択については、整理する自分が「この収入はこの勘定科目、あの支出はあの勘定科目」と決めて整理できればそれでよいのです。わざわ

ざ迷う必要は全くありません。

　決算書で印字されている勘定科目について、どんな内容の収入・支出が当てはまるのかを整理してみましたので、参考としてください。

●収入の勘定科目

勘定科目	内　容
売　上	事業から得る売上
雑収入	事業以外から得る収入

●費用の勘定科目

勘定科目	内　容
仕　入	商品の仕入れ ※主に卸売業・小売業が使います。
租税公課	収入印紙や自動車税といった必要経費となる税金 ※所得税・住民税は必要経費にはなりません。
荷造運賃	商品の出荷や配送のための支出
水道光熱費	水道代・ガス代
旅費交通費	出張にかかった電車代・バス代等の交通費
通信費	電話やインターネットに使った支出
広告宣伝費	宣伝のためのチラシや掲載のための支出
接待交際費	取引先をもてなすための飲食等のための支出
損害保険料	自動車保険といった損害保険料
修繕費	壊れてしまった器具備品を直すための支出
消耗品費	ノートやボールペンといった少額な事務用品の購入のための支出
福利厚生費	従業員と行う新年会、忘年会の費用
給料賃金	従業員に支払う給与
外注工賃	業務を委託した時に支払う報酬
利子割引料	借入金の利息・受取手形を裏書きした際の割引料
地代家賃	事業所の家賃・月極の駐車場代
専従者給与	専従者給与・青色事業専従者給与
雑　費	どれにも当てはまらない少額の支出

　ここに示したのは、主要な勘定科目です。内容についても、ひとつの目安として理解してください。

　また、これら以外にも、勘定科目は自由に設定してもらって構いません。確定申告で使用する決算書には、勘定科目の欄が空欄になっているところ（青色決算書では㉕～㉚の欄・収支内訳書では㋐～㋓の欄）があります。その空欄は、自由に設定してもいいのです。

　例えば、「支払手数料」「振込手数料」といった、決算書に印字されていな

い勘定科目を、空欄となっている箇所に自由に勘定科目を設定して集計しても全く問題はありません。

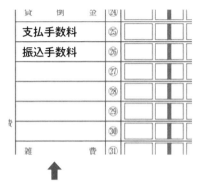

この空欄は自由に設定した勘定科目を記入するためのものです。

（6）業務と関係のない私的な入出金の記録

青色申告決算書には「事業主貸」「事業主借」という勘定科目があります。

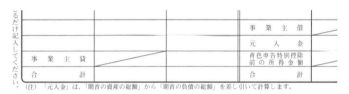

この勘定科目はどのような収入・支出に使うのか、迷われると思います。

事業主貸・事業主借は、「事業主勘定」といって、 例えば、「業務用現金が足りなくなったので、現金を足した」とか、「コンビニで業務に必要な収入印紙と、昼食のおにぎりを購入した」といった業務とは関係のない私的な入金・出金を整理するときに使います。

まず、事業主からの入金は「事業主から借りた」という意味で「事業主借」として整理します。逆に事業主への出金は「事業主貸」を使って整理します。

例を示して説明します。

●「事業主借」で記録する場合の例

業務用現金が心もとなくなってきたので、1月15日に自分で10,000円を現金用の金庫に入金した。

この場合、現金出納帳に次のように記録しておきます。

5年 月	5年 日	勘定科目	相手先	収入金額	支払金額	差引残高	適用
1	1		前期繰越			5,000	
	5	普通預金	＃＃銀行	10,000		15,000	引出し
	10	旅費交通費	○○電鉄		250	14,750	△△へ訪問
	12	消耗品費	△△電気		5,500	9,250	PCグッズ購入
	13	接待交際費	居酒屋＊＊＊		6,600	2,650	××先生と。
	14	租税公課	□□郵便局		1,000	1,650	印紙5枚
	15	**事業主借**		10,000		11,650	現金補充

　現金として入金しましたので、収入金額欄に事業主からの入金として記録します。

● 「事業主貸」で記録する場合の例
　1月13日、コンビニで業務に必要な収入印紙200円を購入した。そのついでに、昼食のおにぎり2個300円を購入した。

この場合、現金出納帳に次のように記録しておきます。

5年 月	5年 日	勘定科目	相手先	収入金額	支払金額	差引残高	適用
1	1		前期繰越			5,000	
	5	普通預金	＃＃銀行	10,000		15,000	引出し
	10	旅費交通費	○○電鉄		250	14,750	△△へ訪問
	12	消耗品費	△△電気		5,500	9,250	PCグッズ購入
	13	租税公課	○○マート		200	9,050	契約用収入印紙
	13	**事業主貸**			300	8,750	

　この例では、○○マートへ支払った500円のうち、必要経費となるのは収入印紙代200円で、昼食のおにぎり代300円は私的な支出となります。
　ですので、租税公課と事業主貸の2つの勘定科目を使用して記録します。

　事業主勘定については、決算書を作成する12月31日時点で事業主借から事業主貸を差し引いた額を元入金に足す処理をします（差額がマイナスになる場合は元入金から引く）。したがいまして、翌年の1月1日時点では、事業主勘定は0円としてスタートしていきます。

「元入金」とは？

　青色申告決算書には、事業主勘定に並んで「元入金」という勘定科目があります。

　この元入金ですが、業務を行うための純資産です。会社でいうところの資本金と同じです。ただ、会社の場合には原則として資本金の金額は増減しませんが、フリーランスの場合には、その年の利益と事業主勘定を最後に元入金に組み入れていきますので、元入金の金額は毎年変わることになります。

2　記録の根拠である領収書等は必ず保存

　帳簿への記録の根拠（証拠）となる領収書等の証憑書類の保存は重要です。この点についてのポイントを挙げれば、次の点になります。

> ・書類は種類ごとに区分する。
> ・領収書は、自分が整理、保存しやすい方法で行う。
> ・所得控除として使う証明書等は絶対に区分して保存する。

　証憑書類の保存方法についてですが、まずは、請求書・注文書・領収書等々、種類ごとに分けて保存することを意識しましょう。

（1）請求書や注文書の保存方法

　請求書や注文書は、B5又はA4くらいの大きさになるでしょう。市販の

ファイルにファイリングしていくことで問題はないと思います。

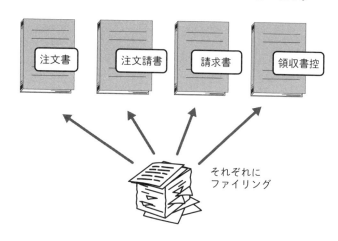

注文書　注文請書　請求書　領収書控

それぞれに
ファイリング

（2）領収書の保存方法

　領収書は、横長・縦長、形、大きさも様々となりますので、保存方法がとても厄介です。

　領収書の保存方法について、私はクライアントには「自分がわかりやすい方法で整理してください」とお願いしています。

　なぜにこのようなお願いをしているかと言いますと、最後に確定申告書を作成する時段階で、領収書の確認が必要となってくるからです。大量の文書が目の前にある状況で、自分なりの方法で保存していないと、領収書自体を見つけることすらままなりません。

　そこで、具体的な領収書の保存方法の参考例をいくつか挙げておきます。自分なりの領収書の保存方法の構築のための参考としてください。

①　スクラップブックに貼り付ける

　日々受け取った領収書をスクラップブックに貼り付けていく、という最もスタンダードな方法です。

　新聞や雑誌の切り抜きを保存する際に使うスクラップブックを使います。それに、経理処理が完了した順に、貼り付けていくのです。自分で見てわかりやすい状態がいいわけですが、すべての文書を並べて貼っていくのでは、短期間に何冊ものスクラップブックを使うことになってコストもかかりますし、一覧性にも欠けます。

　そこで、スクラップブックを開くとすぐに文書の全体が見える状態ではなく、証憑書類の頭部分を重ねていき、めくれば見えるように貼り付けていくのです。「この月の交際費」など、支出の目的などでひとまとまりになっているとわかりやすいです。

　スクラップブックのような嵩張るものではなく、単にコピー用紙を使って貼り付けて紐綴じしていくという方法もひとつだと思います。

　たまに、業務で不要となった紙の裏を使って貼り付けて整理されている方がいますが、業務で不要となった紙の裏面を使うことはあまりお勧めしません。

　なぜならば、税務調査の時に領収書を確認された際に、事業に関する情報がその裏面に記載されている可能性が否定できないからです。また、税務調査では、税務調査官が整理した領収書つづりごと税務署に持ち帰りたい、と申し出てくることがあります。拒否すれば問題はないのですが、税務調査を円滑に進めるために、その申し出でに従った方がよいケースもあります。その際に、領収書つづりの裏面が気になってしまってはよろしくありません。

　資源の無駄遣いはしない、というエコな姿勢は素晴らしいですが、できれば誰に見られても問題のない、広告紙を活用するぐらいで留めておきましょう。

② 月ごとに封筒に入れる

　この方法は、領収書の数が少ない場合の方法です、

　受け取った領収書について、経理処理が完了したならば、それを封筒にボ

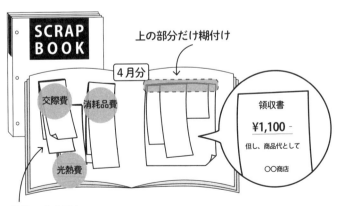

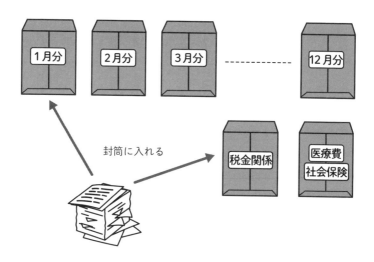

封筒に入れる

ンボン入れていく方法です。封筒は月ごとにします。そして、封筒の表面に
その月を明記しておくのです。そして、年間を通せば 12 枚の封筒が出来上
がりますので、それをまとめて保管しておきます。

　ただ、この方法は領収書が少ない場合のみに有効です。領収書の数が多く
なってしまうと、封筒もパンパンになってしまいますし、後になって探すの
が億劫になってしまい、結果として保存していないのと同じことになります。

（３）所得控除・税額控除に使う証明書の保存方法

　次に示した書類については、青色申告決算書の作成では使用しませんが、
確定申告書を作成する段階で必要となりますので、糊付け等は行わずに、別
に保管をしておきましょう。

> ■領収書とは別に大切な保管が必要となるもの
> ・社会保険料の支払証明書　　・生命保険料控除証明書
> ・損害保険料控除証明書　　　・医療費の領収書
> ・寄付金控除証明書　　　　　・ふるさと納税の支払証明書
> ・住宅借入金の残高証明書　　・納付済み証等、税金関係

　これらの書類は、確定申告書に記載する所得控除・税額控除で使用するの
で、領収書とは別にして、失くすことのないように大切に保管しましょう。

そして、これらの書類は絶対に糊付けはしないでおきましょう。

なぜならば、これらの証憑書類については、確定申告書の提出の際に添付が必要となる書類もありますので、スクラップブックに糊付けしてしまうと、あとで剥がして使わなければならなくなることもあるからです。

（4）私的な支出を含むレシートの保存方法

フリーランスの場合、業務用の備品と私的な備品を同時に購入することは多々あると思います。

そのような場合、いちいち領収書を区分して発行してもらうことは考えられません。ましてや、コンビニエンスストアでの買い物のようにレシートで手渡される場合には、区分することなど不可能です。

このような場合には、事業の部分について赤丸をしたり、○マークを付けたりして、必要経費として計上した金額を明記しておくことが必要です。

```
             領収証

   ABC ストア
   20XX 年○月△日（木）16：27

   ミネラルウォーター    1コ  ¥100
   お茶              1コ  ¥100
 ○ A4 ノート          1コ  ¥200
 ○ ボールペン          1コ  ¥100
   特選弁当           1コ  ¥500

     消費税（10%）          ¥30
     消費税（8%）           ¥56
   - - - - - - - - - - - - - - - - - - - - - -
   合計  5点             ¥1,086
```

（5）クレジットカード明細の保存方法

必要経費をクレジット決済で済ますことも多いと思います。業務用のクレジットカードを作って、必要経費となるものと私的な支出を区分することが理想的ではありますが、クレジットカードを複数枚持つこともできません。そのため、クレジットカード決済の中に、業務としての決済と私的な決済が混在してしまいます。

このような場合、上記（4）と同様、クレジットカード決済の明細におい

て○マークを付けたり、また、私的な決済については線を引いて消し込む方法でも大丈夫です。

●ご利用明細

ご利用 年月日	ご利用者	ご利用内容	新規ご利用額 (円)	今回ご請求額 (円)
23.05.01	V1	ETC分　船橋本線下　普	250	250
23.05.01	V1	ETC分　市原　　　　普	890	890
~~23.05.04~~	~~V1~~	~~○○ストア~~	~~1,100~~	~~1,100~~
23.05.15	V1	ETC分　千葉西　　　普	250	250
23.05.20	V1	＊＊＊モバイル	13,200	13,200
23.05.31	V1	△△△書店	1,970	1,970
~~23.06.01~~	~~V1~~	~~■■寿司~~	~~5,500~~	~~5,500~~
~~23.06.04~~	~~V1~~	~~ショップ○○○~~	~~2,200~~	~~2,200~~

（6）領収書がない場合は

　領収書が発行されない！という場合もあります。例えば、結婚式のお祝い金や御不幸の際の弔慰金、のような支出です。

　これらのように、領収書が発行されない場合には、市販の出金伝票に金額を記録として残し、それに関連する資料（例えば、結婚式の招待状など）と一緒に保存するのです。

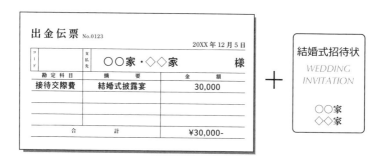

　また、全く資料もない場合もあります。例えば、自動販売機でジュースを購入したという場合です。このような場合では、出金伝票での記載を領収書代りにせざるを得ません。

　税務調査においても、領収書なしの出金伝票のみの経理処理に関して、直ちに指摘し否認することはありませんが、それは、他の取引については、領

収書がしっかりと整理・保存されていることが前提であり、その中で、例外的に仕方なく領収書なしの出金伝票のみの整理処理が存在しているからです。

　言い換えれば、領収書なしで出金伝票のみを認めていたら、何でも必要経費として認める結果になります。税務上、それはあり得ないお話です。**領収書なしの出金伝票のみ、は例外中の例外として理解してください。**

（7）領収書等のスキャナ保存

　領収書・請求書等の保存方法について、ここでは従来の「紙」での保存方法について説明しました。

　今では、領収書・請求書等について、それを紙自体で保存する代わりに、スマホやスキャナで読み取り、電子データとして保存することが認められています。

　ただし、**領収書・請求書等を電子データにすればそれでよい、ということではなく、様々な保存要件が決められています。**

　記録した現金出納帳等の帳簿書類との整合性は当然に必要となります。

　また、重要な要件として、「速やかに出力できること」と「検索機能が確保されていること」が挙げられます。

　「速やかに出力できること」については、①整然とした形式であること、②書類と同程度に明瞭であること、③拡大または縮小して出力することができること、④４ポイントの大きさの文字を認識できること、の４つを満たす必要があります。

　「検索機能が確保されていること」については、①取引年月日・取引金額・取引先での検索ができること、②日付または金額に係る記録項目について範囲を指定しての検索ができること、③２以上の任意の記録項目を組み合わせて検索ができること、の３つを満たす必要があります。

　これらの要件は、要するに**領収書・請求書等を、税務調査の時に調査官の求めに応じて速やかに提示できるようにしておくため**にあります。

　この要件は、紙での保存をする場合と変わりません。

　ただ、この先の将来においては「領収書・請求書等は電子データで保存」が主流になっていくと思います。

いったん勘定科目ごとに集計しておく

取引の記録もできました。証憑書類の保管もできました。

この段階で、青色申告決算書の作成に向けての集計作業を行います。この集計作業は、勘定科目ごとに行います。

ここまで手書きで行ってきた場合には、粛々と電卓を叩いて集計することになりますが、表計算ソフトを活用すれば、ソート機能等で簡単にできると思います。

その帳簿の作成については、手書きでももちろん構いませんが、今のこの時代では、やはりパソコンを活用したいところです。そのためには、「会計ソフト」をご購入いただき、活用するのがもっとも妥当な方法だとは思います。

どのような方法を使うにせよ、重要なことは「正しく集計され、記録されている」という結果です。

将来の事業拡大を見据えて─会計ソフトの活用

最近では、スマートフォンのアプリで、領収書の読み込みから経理処理まで行うものもあるので、これらを活用することも OK です。

「将来はもっと事業規模を大きくしたい」と考えている場合には、なるべく早いうちから、会計専用のソフトを使うことがお勧めです。

会計ソフトを活用すれば、元帳や貸借対照表・損益計算書といった会計帳簿に加えて様々な資料が出力可能となります。それらを基に、将来において、事業の収益・費用に関しての過去の数値との比較も可能となり、事業に対する経営判断も、より有効に行うことができます。

また、青色申告者となって会計ソフトを使うことにより、青色申告特別控除額 55 万円（または 65 万円）の適用も可能となり、税金の計算上、有利となります。

STEP 2 記録した金額の集計

1 「収入金額」と「必要経費」を集計する

　日々の取引の記録が済みましたらば、青色申告決算書の作成に向けて、入金金額である収入金額と、支出金額である必要経費の集計をしていきます。ここでの集計作業を誤ると、正しい青色申告決算書は仕上がらず、正しい所得税額の算出もできません。

　なぜなら、所得税の計算は「収入金額−必要経費」の残高がスタートだからです。

　所得税の算出は次のように、①⇒②⇒③の流れで行います。ここではおおまかな流れを理解しておいてください。

> ●所得税算出の計算式
>
> ① 収入金額 − 必要経費 ＝ 所得金額
> ② 所得金額 − 所得控除額 ＝ 課税対象となる所得金額
> ③ 課税対象となる所得金額 × 税率 ＝ 所得税額

　所得税は、課税対象となる所得金額に税率をかけることによって、算出します。

　実際には、さらに住宅借入金等特別控除といった税額控除や、既に徴収されている源泉徴収税額等々を考慮したところで所得税の金額を算出します。これについては、 STEP 4 の確定申告書の作成の項目で説明します。

2 「収入金額」とは何か？

（１）確定申告が必要となる「収入金額」

フリーランスの方が得る収入金額は、事業所得になります。

フリーランスの収入金額は、「事業から生じる収入金額」です。事業から生じる収入金額から必要経費を差し引いた金額が「事業所得」となります。

何をもって「事業から生じる」と言えるのかですが、要は「その収入で生活している」「その収入が生活の糧である」ということになります。

（２）収入金額から源泉徴収されているかどうかに注意

収入金額についてですが、実際に入金された金額がそのまま収入金額とはならない場合があります。所得税が源泉徴収されている可能性があるのです。所得税が源泉徴収されているか否かについては、入金時の収入明細や、年始に送られてくる支払明細で確認することになります。

営まれている業務形態が、例えば、カメラマンやイラストレーター、デザイナー、コンパニオンといった業務の場合には、「源泉徴収税」として所得税が収入金額から徴収されています。

このような場合には、売上先、収入金額の振込先から「支払調書」という書類が送られてきますので、それで確認をすることとなります。

次ページにあるのは、「報酬、料金、契約金及び賞金の支払調書」です。ここに示したのは、国税庁から公表されている標準的な様式に基づくものになります。実際に送られてくる支払調書が、別の様式の場合もありますが、記載されている事項に変わりはありません。

所得税が源泉徴収されている場合には、右側の「源泉徴収税額」の欄に金額が記載されていますので、必ず確認が必要です。

実際の入金額は、「支払金額」から「源泉徴収税額」を差し引いた金額となります。この支払調書であれば、収入金額は「300,000円」であり、実際の手取金額は、収入金額から源泉徴収税額の 30,630 円を差し引いた「269,370円」です。

そして、源泉徴収税である 30,630 円については、確定申告書の㊽欄に記載します。

●支払調書

令和4年分　報酬、料金、契約金及び賞金の支払調書　㊡

支払を受ける者	住所(居所)又は所在地	東京都墨田区東向島＊－＊＊－＊＊＊			個人番号又は法人番号	
	氏名又は名称	○○　○○				
区　分		細　　目	支　払　金　額	源　泉　徴　収　税　額		
原稿料		年間連載料	内　　　　300,000 円	内　　　30,630 円		
(摘　要)						
支払者	住所(居所)又は所在地	東京都新宿区下落合＊－＊－＊＊			個人番号又は法人番号	
	氏名又は名称	株式会社　○○○○通信 (電話)				
整　理　欄		①		②		

　源泉徴収税額は、「所得税の前払い」になりますので、実際に計算された所得税額から差し引くこととなりますので、記載漏れのないようにしましょう。

　実際に計算された所得税額よりも源泉徴収税額が多い場合、その分は還付されます。

　支払調書は、毎年2月初旬ごろまでには手元に送られてきます。届いたら、捨てることなく確定申告で使っていきましょう。

（3）支払調書の取扱い

　また、この支払調書は振込先が発行するのが通常ですが、そうでないケースもあります。その場合、別途で売上の管理が必要になります。支払調書で示された支払金額の合計が収入金額のすべてではない、という点はご理解ください。

　加えて、この支払調書は、同じものが税務署にも提出されていると考えておいてください。支払調書を発行した事業者は、同じものを税務署へ提出する義務があります。提出を受けた税務署としては、それに基づいて、納税者の申告内容を確認するのです。

支払調書は、手のひらサイズの小さな書類ですが、確定申告の作成では重要な情報となりますので、決して紛失しないよう、大切に保管して確定申告に備えておきましょう。

　なお、支払調書については、確定申告の際に提出する必要はありません。大切に保管を、としたのは支払調書が源泉徴収税額を明確に確認できる資料だからです。

　ちなみに、受け取った支払調書を確定申告書に源泉徴収税額の証明として添付することは問題ありません。

支払調書が送られてこない場合の対処法

　支払調書ですが、相手先から送られてこないこともあります。支払調書の発行元では、支払調書については税務署への提出義務(*)はありますが、支払先であるフリーランスに対しては送付する義務はないからです。

　支払調書が送られてこない場合は、「①相手先に発行をお願いする」「②支払明細で確認する」「③発行した請求書で確認する」というような方法で対処します。

（*）支払う報酬金額が一定金額を超えた場合に提出義務が生じます。

③ 「必要経費」とは何か？

　必要経費は、事業所得の計算において重要なポイントとなります。その理由は、「事業所得での所得金額は、収入金額から必要経費を差し引いた金額であるから」です。

　必要経費をしっかりと押さえておくことは、確定申告の肝です。**必要経費についての理解は収入金額よりも重要**と言えるかもしれません。

　なぜならば、**必要経費該当性についての判断は、個人事業主自身が行うことであって自らのコントロールによって決まるものであるから**です。

（1）必要経費の考え方

　必要経費は、収入金額を得るために要した費用、です。言い換えれば、「業務のために支出した金銭」です。

　個人事業者の場合、金銭の支出については、その性格が次の３つに分けられます。

■**個人事業者の支出**

① **事業のための支出**

② **プライベート（私的目的）のための支出**

③ **事業のための支出であり、プライベート（私的目的）のための支出でもある支出**

---

　①の支出は、事業のための支出であるから、明確に必要経費となります。

　次の②の支出は、プライベート（私的目的）のための支出なので、事業とは関係がありませんので、当然、必要経費にはなりません。この②の支出を、確定申告では家事費といいます。例えば、税理士が、税法の本を購入するための支出や、税制改正の勉強会のための参加費は、当然①の事業のための支出でありますので、必要経費となります。税理士が、気分転換に映画鑑賞をした場合の映画館入場料は、②プライベート（私的目的）のための支出であって、家事費となり必要経費とはなりません。

　確定申告において最も悩ましいのは③の事業のための支出です。プライベート（私的目的）のための支出でもある支出です。この③の支出を、確定申告では「家事関連費」といいます。家事関連費については、その内の業務に関連する部分が必要経費となります。

　フリーランスであるＡ氏が顧客のところへ行くために自己所有の自動車を日々使っている場合、自動車に要した支出を例にして説明します。

　自動車を顧客のところへ行くため以外には使わない、というのであれば①の支出になり必要経費となります。しかし、顧客のところへ行くためにも使うし家族との買い物・旅行にも使う、という場合には、事業のための支出と

プライベート（私的目的）のための支出が混在していることになります。

　そこで、③の支出の場合には、業務に関連する部分とそれ以外の部分に明確に区分しなければなりません。そして、業務に関連する部分として明確にできたものが必要経費として認められるのです。

　言い換えれば、個人事業者の必要経費について整理する場合には、③の支出である「事業のための支出であり、私的目的のための支出でもある支出」について明確にすることが確定申告においては重要なポイントといえます。

　この③の支出については、項を改めて触れていきたいと思います。

（2）必要経費のポイント（必要経費として認められる要件）

　必要経費のポイントについて整理してみます。

　必要経費として認められるポイントは、**事業収入との関係で、その支出が必要不可欠であること（事業収入の発生と相当因果関係があること）**、という点にあります。

　そして、必要経費の判断は、行っている事業内容によって異なってきます。

　先ほど、税理士を例として、「映画鑑賞のための入場料としての支出は必要経費とはなりません」と説明しました。それは、「映画鑑賞という行為は、税理士業務に全く関係がない」からです。

　しかし、俳優業をしている方の場合はどうでしょうか。

　「これから演じる役作りのために、この作品を参考とする」という目的で映画鑑賞する場合の入場料は、業務と関連性がありますので、必要経費となります。

　同じ映画鑑賞をする場合の入場料という支出であっても、その人それぞれ行っている業務によって必要経費となる支出なのか、必要経費とならない支出なのかはそれぞれに判断されることになるのです。

　その支出が「事業と関連しているか否か」ということが重要なのです。そして、この判断は納税者自身の判断によることとなります。そして、その判断の理由には説得力が必要です。

　仮に、税理士が「映画鑑賞をすることによって気分転換が図られて、日々の税務判断をスムーズに行うことができる」といって映画鑑賞のための入場

料としての支出を必要経費とすることは認められるでしょうか？

　認められません。

　なぜならば、映画鑑賞と税理士としての業務とは基本的に無関係だからです。（俳優業のクライアントのために、その俳優が出演している映画を鑑賞する、ということであれば必要経費として認められる余地はあります。）

　いろいろな理由を付けて、必要経費を多く計上することは、決して「節税」ではありません。一歩間違えれば、「脱税」となります。

④ 事業にも私生活にも関連する「家事関連費」の注意点

　事業で使っている部分と私的な部分が混在してしまう「家事関連費」に関して悩まれる個人事業者の方は多くいます。

　このような個人事業者の場合に問題となる必要経費を整理してみます。

　先に触れました「③事業のための支出であり、私的目的のための支出でもある支出」のことを家事関連費といいます。

　この「家事関連費」は、悩ましい必要経費です。

　家事関連費とは、支出のうち、①業務上の経費と②私的な家事上の経費の両方に関連している支出です。例えば、自宅で業務をしているフリーランスにとっての家賃や水道光熱費といったものが家事関連費になります。

　家事関連費については、業務に必要であった部分が必要経費として認められます。つまり、家事関連費については、業務に必要であった部分と私的な部分を区分する必要があります。

　それではどのようにして区分をすればよいのでしょうか。

　それが、「家事按分」です。次に具体例を挙げましょう。

（1）資産に係る経費

　資産に係る経費のうち、業務の遂行上直接必要であった部分を明らかにしなければ、その資産に係る経費を必要経費に算入することはできません。

　例えば、自動車を例にしてみましょう。

　自動車を業務でしか使っていない、ということであれば、自動車に関しての経費は全額を必要経費とすることが認められます。

　一方、自動車を業務でも私的にも使っています、ということであれば、

「業務で使った部分」と「私的に使った部分」を区分して、「業務で使った部分」の金額を必要経費として計上します。

でも、そんな区分なんて明確にできない場合もあるのが現実です。

「業務で使った部分」と「私的に使った部分」の区分を明確にできない場合、自分で一定の基準を決めて割合で区分すればよいのです。

例えば、「私的に車の運転をするのは週末だけ」ということであれば、1週間（7日間）のうち業務に使用するのは5日であるということで、自動車に関連する支出のうちの5／7（約70％）を必要経費に計上する、という感じです。

（2）家賃や水道光熱費といった住居に係る経費

自宅で業務を行っている場合、その住居に係る経費を部分的に必要経費とすることは認められます。

これについても、上記（1）と同様に、重要なのはその区分です。

例えば「業務で使用する場所の面積」や「自宅で仕事をする頻度」等を一定の基準として決めて、その割合で必要経費にすることになります。

（3）インターネット利用料及び電話代

インターネット利用料及び電話代といった通信費関係についても、上記（1）（2）と同様に、業務で使用する頻度等を決めて、その割合でもって必要経費とします。

また、最近では固定電話を使わずに電話はスマートフォンのみ、という方もいます。このような方の場合には、業務用のスマートフォンと私用のスマートフォンとを分けて利用することも一考かもしれません。

何らかの形で、業務での使用部分の区分けをすることが必要です。

家事関連費については、以上のような区分が必要となります。

また、自宅を中心に活動されている個人事業者の方につきましては、重要な区分となります。区分のポイントですが、「合理的な基準」に基づいて区分していること、が重要です。

そして、一度決めた区分の基準は容易には変えないことです。「去年は収入が少なかったからこの基準で計上したけど、今年は頑張って収入が増えたから、区分の基準を変えて必要経費の金額を増やそう」というのでは問題があります。

　家事按分の比率を容易に変えてしまうことは、「利益の調整」として捉えられかねません。区分の基準を変えるのであれば、フリーランスとしての活動状況が変わったためという、その年の活動状況に合わせての「家事按分の比率を変更する合理的な理由」が必要となります。

事業専従者への福利厚生費？

　フリーランスとして、家族である事業専従者へ支払う給与は必要経費となります。

　それでは、事業専従者との食事代や旅行代といった「事業専従者へ感謝の意味での支出」は必要経費となるのでしょうか？

　家族でない従業員との食事代や旅行代は、高額でない限り、福利厚生費として必要経費とすることは可能です。いつも業務を手伝ってくれていることに対する慰安という意味合いがあるからです。

　その意味合いを踏まえれば「事業専従者との食事代・旅行代も必要経費でしょ？」と考えてしまいます。

　事業専従者として、業務を支えてくれていることは事実であって、その事実に対する感謝を何らかの形で応えてあげたくなります。

　その気持ちは、ものすごく分かります。分かりますが、事業専従者へ感謝の支出は必要経費になるのか否か、という問いには No と答えざるを得ません。結論として、食事代・旅行代等は家事費となります。

　家族へ支払う給与である事業専従者給与はあくまで「例外的に」必要経費として認められたものであることを思い出しましょう。

　言い換えれば、事業専従者としての食事代・旅行代等は、家族のとの食事代・旅行代との違いを説明することはできません。

5　必要経費になりそうでならない支出

　必要経費とならない支出は、業務とは関係のない私的な支出です。

　しかし、フリーランスとして活動していく中で、必要経費になりそうだけれども必要経費にはならない支出というものがあります。

それらについていくつか取り上げていきます。

（1）所得税・住民税

所得税・住民税は、必要経費にはなりません。これらは、所得金額について課税される税金ですので、そもそも所得金額のマイナス項目である必要経費とはなりえません。

（2）社会保険料

支払った健康保険料・介護保険料・国民年金保険料（基金も含む。）は、必要経費にはなりません。

これらは、支払った金額を社会保険料控除額として、確定申告書に記載します。青色申告決算書に計上してしまわないようにしましょう。

（3）医療費

自分自身の病気・怪我等の治療のために支払った医療費についても、②社会保険料と同様に必要経費にはなりません。業務中に生じた怪我の医療費であっても必要経費とはなりません。

「必要経費」にはなりませんが、支払った金額のうち、一定額を超えた金額が「医療費控除」の対象となります。

（4）自分が受ける健康診断料

フリーランスは、体が資本です。故にフリーランスとして活動していく上で、健康診断を受けることは必要です。しかし、自分が受ける健康診断料は必要経費にはなりません。健康診断はフリーランスでなくても受けるものだからです。

ちなみに、健康診断を受けた結果、病気が判明し治療をすることとなった場合、その利用費は医療費控除の対象となります。

（5）交通違反による罰金

スピード違反や駐車禁止違反といった交通違反によって科される罰金は、必要経費になりません。業務の遂行中であったとしても、必要経費になりません。

仮に、交通違反による罰金を必要経費として認めてしまったら、「所得金

額を減らすためにバリバリ交通違反しちゃうぜ！」という訳の分からない状況が生じてしまいます。

　フリーランスとして、交通安全は心がけておきましょう。

（6）所得補償の保険料

　「所得補償保険」という保険があります。これは、病気・怪我によって働けなくなった場合の収入減少に備える保険です。

　病気・怪我によって業務ができなくなった時の万が一のための保険ではあります。

　しかし、フリーランスが自らを被保険者として所得補償保険の保険料を支払ったとしても、業務の継続のための支出ではなく、業務の継続ができなくなったときに備えての支出であるので、家事費であり必要経費にはなりません。

税務調査と必要経費

　フリーランスの場合、それぞれ営んでいる事業は異なるので、当然に認められる必要経費の範囲も異なってきます。必要経費で重要となるのは、「その支出が営んでいる事業と関連性があるのか否か」という点です。

　税務調査の現場において、必要経費の該当性について指摘を受けたとき、納税者側が「これこれこういう理由で必要経費になる」と示す必要がある、ということになります。

　まとめれば、必要経費という支出の事実について、一番近い距離にいるのは納税者であり、納税者が必要経費に該当するものとして判断した場合、それを必要経費には該当しないということを説明する義務は調査官にあると言えますが、その支出は必要経費に該当するということを説明する義務は納税者にあります。

　実際の税務調査時において、調査官に対して、その支出の目的・理由を説明するのは納税者になります。

　いたずらに税金を安くしたいからといって、「風が吹けば桶屋が儲かる」的な判断で必要経費を計上することは避けましょう。

　税務調査でのトラブルを避けるためにも、適正に処理するよう、ご注意いただければと思います。

STEP
3 青色申告決算書の作成

各金額の集計が終わったら、青色申告決算書の作成に入ります。

1 青色申告決算書の構成

青色申告決算書は4ページで構成されています。

1ページ目は事業所得の金額を計算する損益計算書、2・3ページ目は各明細、4ページ目は預貯金等の財産や借入金等の負債の残高を記載する貸借対照表になっています。

10万円の青色申告特別控除額の適用を受ける場合には、4ページ目の貸借対照表については、特に記載しなくても問題はありません。

2 青色申告決算書を記入する順序

青色申告決算書を書いていくうえでの順序ですが、いきなり1ページ目の損益計算書から記入をしていくわけではありません。

はじめに、2・3ページ目の各明細を記入したうえで、次に1ページ目の損益計算書への記入をし、55万円（または65万円）の青色申告特別控除額の適用を受ける場合に4ページ目の貸借対照表を記載する、という順番になります。

まずは、2・3ページ目の各明細について、主要な明細の記載方法を説明していきます。

青色申告決算書の構成

【青色申告決算書】

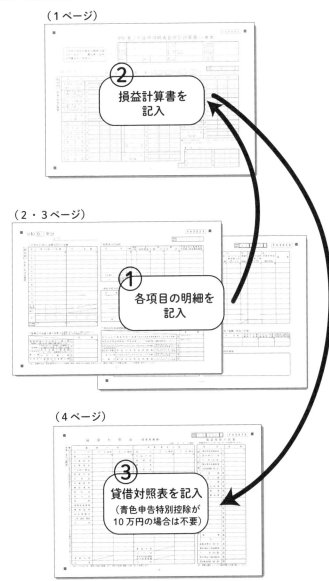

（1ページ）

② 損益計算書を記入

（2・3ページ）

① 各項目の明細を記入

（4ページ）

③ 貸借対照表を記入
（青色申告特別控除が10万円の場合は不要）

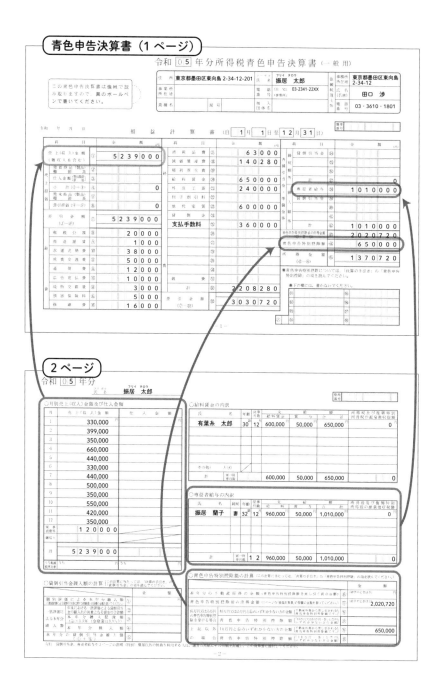

3ページ

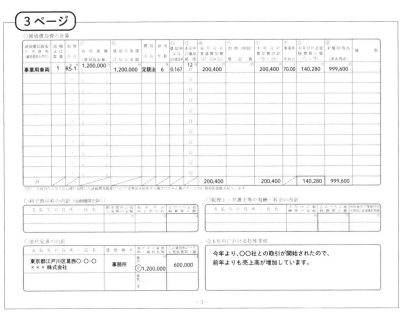

4ページ

（1）月別売上（収入）金額及び仕入金額

○月別売上(収入)金額及び仕入金額

月	売 上 (収 入) 金 額	仕 入 金 額
1	330,000 円	円
2	399,000	
3	350,000	
4	660,000	
5	440,000	
6	330,000	
7	440,000	
8	500,000	
9	350,000	
10	550,000	
11	420,000	
12	350,000	
家事消費等	1 2 0 0 0 0	
雑収入		
計	5 2 3 9 0 0 0	
うち軽減税率対象	うち 円	うち 円

ここでは、毎月の収入金額を記入していきます。

仕入金額の欄もあります。仕入金額の欄には、収入金額に対応する原価を記入します。例えば、業務が商品の販売をしている場合にその商品の購入金額を記入します。

フリーライターやウェブデザイナーを業務としているフリーランスの場合には、基本的には原価というものはないと思いますので、ここは空欄でも問題はありません。自分の業務に応じて記入してください。

ここで記載した1年間の売上が、1ページ目の損益計算書①欄に記載されることになります。

損　益

科　　　目		金　　額　　(円)
売 上 (収 入) 金 額 (雑 収 入 を 含 む)	①	5 2 3 9 0 0 0
期首商品(製品)棚　卸　高	②	
仕入金額(製品製造)	③	

（2）専従者給与の内訳

○専従者給与の内訳

氏　　　名	続柄	年齢	従事月数	支給額 給料	支給額 賞与	支給額 合計	所得税及び復興特別所得税の源泉徴収税額
△△　△△	妻	歳32	月12	円960,000	円50,000	円1,010,000	円0
計	延べ従事月数	1 2		960,000	50,000	1,010,000	0

　青色事業専従者給与を必要経費として計上している場合には、この項目への記載は必ず必要となります。

　記載する際には、提出した青色事業専従者給与に関する届出書と、金額等に相違がないことを確認してください。

　また、青色事業専従者給与について、「毎月の支払い時に所得税の源泉徴収をすること」「年末調整をすること」が必要となります。

　ここで記載した青色事業専従者給与の金額を、1ページ目の損益計算書㊳欄に記載します。

金・繰入額準備金	計	㊲				0
	専従者給与	㊳	1 0 1 0 0 0 0			
	貸倒引当金	㊴				

（3）青色申告特別控除額の計算

○**青色申告特別控除額の計算**（この計算に当たっては、「決算の手引き」の「青色申告特別控除」の項を読んでください。）

			金　　額
本 年 分 の 不 動 産 所 得 の 金 額（青色申告特別控除額を差し引く前の金額）	⑥		（赤字のときは0）円
青色申告特別控除前の所得金額（1ページの「損益計算書」の㊸欄の金額を書いてください）	⑦		（赤字のときは0）772,720
65万円又は55万円の青色申告特別控除を受ける場合	65万円又は55万円と⑥のいずれか少ない方の金額 不動産所得から差し引かれる青色申告特別控除額です。	⑧	
	青 色 申 告 特 別 控 除 額（「65万円又は55万円－⑥」と⑦のいずれか少ない方の金額）	⑨	650,000
上　記　以　外の　場　合	10万円と⑥のいずれか少ない方の金額 不動産所得から差し引かれる青色申告特別控除額です。	⑧	
	青 色 申 告 特 別 控 除 額（「10万円－⑧」と⑦のいずれか少ない方の金額）	⑨	

は、適宜の用紙にその明細を記載し、この決算書に添付してください。
－2－

　青色申告特別控除額については、10万円・55万円・65万円と納税者によって控除額が異なりますので、どの控除金額が適用となるかを明確に記載します。

ここで記載した青色事業専従者給与の金額を、1ページ目の損益計算書㊹欄に記載します。

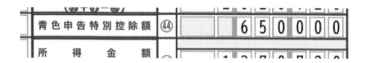

青色申告特別控除額 ㊹		650000
所　得　金　額		

（4）地代家賃の内訳

○地代家賃の内訳

支　払　先　の　住　所　・　氏　名	賃　借　物　件	本年中の賃借料・権利金等	左の賃借料のうち必要経費算入額
東京都江戸川区葛西○−○−○○ ＊＊＊株式会社	事務所	権更 賃　1,200,000 円	円 600,000
		権更 賃	

　地代家賃を記入する欄になります。地代家賃については、事業割合で必要経費とする金額を「必要経費算入額」として記載します。

（5）本年中における特殊事情

◎本年中における特殊事情

今年より、○○社との取引が開始されたので、前年よりも売上高が増加しています。

　青色申告決算書の全体から見れば小さな枠ですが、本年中における特殊事情を記載する欄があります。

　ここには、前年の青色申告決算書と比較して、大幅に増減した項目について、その理由を記載します。

　例えば、前年にはなかった売上先が増えたので売上高が大幅に増加した、という場合には「今年より、○○社との取引が開始されたので、前年よりも売上高が増加しています」とか、利益率が下がってしまった場合であれば「昨今の原油高により、仕入原価が値上がりしました」とか、前年の青色申告決算書と大幅に増減した項目についてその原因をそのまま記載します。

　この項目は、税務署へのメッセージだと理解してください。

　税務署は、納税者が青色申告決算書を作成し、提出するまでの日々のこと

は全く分かりません。当然、「○○社との取引が開始されたので売上が大幅に上がった」という事実もわかりません。

　そうすると、税務署としては「売上が大幅に上がっているな。去年の申告で売上の申告漏れがあるのでは？」という勘繰りをしかねません。

　その年の特殊事情があるならば、遠慮なく記載しましょう。もちろん、特殊事情がなければそのまま空欄で構いません。

青色申告決算書と損益計算書・貸借対照表との違い

　確定申告を進めていく中で、【青色申告決算書】と【損益計算書・貸借対照表】というキーワードが出てきます。

　この両者はどのような関係にあるのでしょうか。

　基本的には、両者に違いはない、と理解をして問題はありません。

　あえて違いを説明するならば、決算の結果として作り上げられる会計上の書類が【損益計算書・貸借対照表】で、【青色申告決算書】は確定申告に添付することが義務付けられている書類ということになります。

　両者とも適正な利益と財務状態を示すことを目的とする書類であることで共通していますので、日々の経理、そして確定申告書の作成においてその違いを意識しなくても問題はありません。

STEP 4 確定申告書の作成

青色申告決算書に記入したら、いよいよ確定申告書の作成に入ります。

1 確定申告書の構成

確定申告書は【第一表】と【第二表】とで構成されています。次ページを見てください。

第一表は、青色申告決算書で記載した所得金額や、所得控除額を記載して所得税額を計算するものになります。

第二表は、所得の内訳や所得控除額の内訳を記載するものになります。

作成手順としては、いきなり第一表から書いていこうとするのではなく、外堀を埋めるように第二表の内訳を埋めていって、それを基に第一表に転記していくことになります。

つまり、青色申告決算書と確定申告書は繋がっているのです。

どの点で繋がっているのか。具体的には、②の「収入金額等」、③の「所得金額等」、⑥の「その他」の項目で詳しく説明していきます。

では、いよいよ確定申告書を記入していく話に入ります。

64～65ページでは、確定申告書の第一表と第二表をブロックに分けました。第一表のブロック分けをベースに解説を進めていきます。

青色申告決算書と確定申告書の関係

【青色申告決算書】

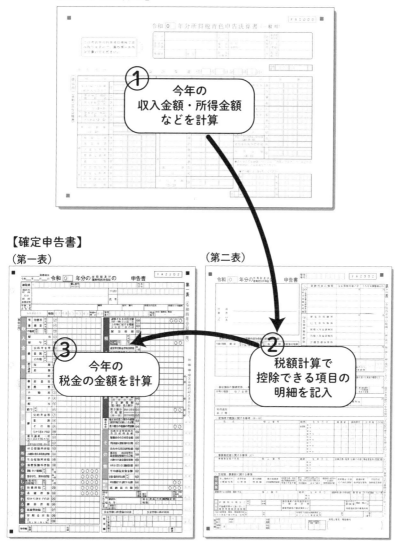

① 今年の収入金額・所得金額などを計算

【確定申告書】

（第一表）

③ 今年の税金の金額を計算

（第二表）

② 税額計算で控除できる項目の明細を記入

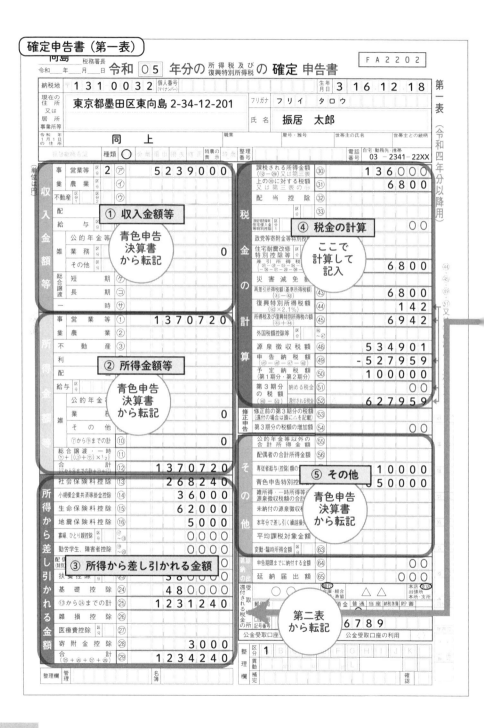

確定申告書（第一表）

向島 税務署長
令和＿＿年＿＿月＿＿日 令和 ⓪⑤ 年分の 所得税及び復興特別所得税 の 確定 申告書

FA2202

納税地 131 0032　個人番号（マイナンバー）　生年月日 3 16 12 18

現在の住所又は居所事業所等　東京都墨田区東向島2-34-12-201

フリガナ フリイ タロウ
氏名 振居 太郎

令和＿年1月1日の住所　同　上

職業　屋号・雅号　世帯主の氏名　世帯主との続柄

種類 ○　整理番号　電話番号 自宅・勤務先・携帯 03 － 2341－22XX

第一表（令和四年分以降用）

収入金額等

事業	営業等	㋐	5239000
	農業	㋑	
不動産		㋒	
配		㋓	
給与		㋔	
雑	公的年金等	㋕	
	業務	㋖	0
	その他	㋗	
総合譲渡	短期	㋘	
	長期	㋙	
一時		㋚	

① 収入金額等
青色申告決算書から転記

所得金額等

事業	営業等	①	1370720
	農業	②	
不動産		③	
利子		④	
配当		⑤	
給与		⑥	
雑	公的年金等		0
	業務		
	その他		0
	⑦から⑨までの計	⑩	0
総合譲渡・一時 ⑥＋{(②＋⑧)×½}		⑪	
合計		⑫	1370720

② 所得金額等
青色申告決算書から転記

所得から差し引かれる金額

社会保険料控除	⑬	268240
小規模企業共済等掛金控除	⑭	36000
生命保険料控除	⑮	62000
地震保険料控除	⑯	5000
寡婦、ひとり親控除		0000
勤労学生、障害者控除		0000
配偶者（特別）控除		
扶養控除		380000
基礎控除	㉔	480000
⑬から㉔までの計	㉕	1231240
雑損控除	㉖	
医療費控除	㉗	
寄附金控除	㉘	3000
合計 ⑮＋㉖＋㉗＋㉘	㉙	1234240

③ 所得から差し引かれる金額

税金の計算

課税される所得金額 （⑫－㉙）又は第三表	㉚	136000
上の㉚に対する税額 又は第三表の⑨	㉛	6800
配当控除	㉜	
		00
政党等寄附金等特別控除		
住宅耐震改修特別控除等		
差引所得税額		6800
災害減免額		
再差引所得税額（基準所得税額） （㊶－㊷）	㊸	6800
復興特別所得税額 （㊸×2.1%）	㊹	142
所得税及び復興特別所得税の額 （㊸＋㊹）	㊺	6942
外国税額控除等		
源泉徴収税額	㊽	534901
申告納税額 （㊺－㊾）	㊾	-527959
予定納税額 （第1期分・第2期分）	㊿	100000
第3期分の税額 納める税金	51	00
（㊾－㊿） 還付される税金	52	627959

④ 税金の計算
ここで計算して記入

その他

修正前の第3期分の税額 （還付の場合は頭に△を記載）	53	
第3期分の税額の増加額	54	00
公的年金等以外の合計所得金額	55	
配偶者の合計所得金額	56	
専従者給与（控除）額の合計額		10000
青色申告特別控除額		50000
雑所得・一時所得等の源泉徴収税額の合計額		
未納付の源泉徴収税額		
本年分で差し引く繰越損失額		
平均課税対象金額		
変動・臨時所得金額	63	
申告期限までに納付する金額	64	000
延納届出額	65	000

⑤ その他
青色申告決算書から転記

銀行・組合・農協
本店・支店
出張所・本所・支所
普通 当座 納税準備 貯蓄
△　△

公金受取口座の利用

6789

第二表から転記

整理欄	管理		名簿					
	区分 異動	1						
管理補完					確認			

確定申告書（第二表）

令和 05 年分の 所得税及び復興特別所得税 の確定申告書

整理番号		FA2302

131-0032
住所　東京都墨田区東向島 2-34-12-201
屋号
フリガナ　フリ タロウ
氏名　振居　太郎

⑭⑬ 社会保険料控除	保険料等の種類	支払保険料等の計	うち年末調整等以外
	国民年金	198,240	198,240
	国民健康保険	70,000	70,000
	小規模企業共済掛金	36,000	36,000

社会保険料控除・小規模企業共済等掛金控除

⑮ 生命保険料控除	新生命保険料	50,000	50,000
	旧生命保険料	30,000	30,000
	新個人年金保険料		
	旧個人年金保険料	12,000	12,000
	介護医療保険料	10,000	10,000

生命保険料控除

⑯ 地震保険料控除	地震保険料	5,000	5,000
	旧長期損害保険料		

地震保険料控除

本人に関する事項（⑰～⑳）
□ 死別　□ 生死不明
□ 離婚　□ 未帰還

寡婦控除・ひとり親控除・勤労学生控除・障害者控除

雑損控除に関する事項（㉖）

損害の原因	損害年月日	損害を受けた資産の種類など

損害金額	保険金などで補填される金額	差引損失額のうち災害関連支出の金額
円	円	円

雑損控除

寄附金控除に関する事項（㉘）

寄附先の名称等	愛知県名古屋市	寄附金	5,000

寄附金控除

所得の内訳（所得税及び復興特別所得税の源泉徴収税額）

所得の種類	種目	給与などの支払者の「名称」及び「法人番号又は所在地」等	収入金額	源泉徴収税額
事業（営業等）			円 5,239,000	円 534,901
㊽ 源泉徴収税額の合計額				534,901

総合課税の譲渡所得、一時所得に関する事項（⑪）

所得の種類	収入金額	必要経費等	差引金額
	円	円	円

特例適用条文等	

配偶者や親族に関する事項（⑳～㉓）

氏名	個人番号	続柄	生年月日	障害者	国外居住	住民税	その他
振居　三太		子	明大昭平令 11.1.1				
			明大昭平令				
			明大昭平令				
			明大昭平令				

配偶者控除・配偶者特別控除・扶養控除

事業専従者に関する事項（�57）

事業専従者の氏名	個人番号	続柄	生年月日	従事月数・程度・仕事の内容	専従者給与（控除）額
振居　蘭子		妻	明大昭平 44.5.6	12月	1,010,000
			明大昭平		

住民税・事業税に関する事項

住民税	非上場株式の少額配当等	非居住者の特例	配当割額控除額	株式等譲渡所得割額控除額	特定配当等・特定株式等譲渡所得の全部の申告不要	給与、公的年金等以外の所得に係る住民税の徴収方法		都道府県市区町村への寄附（特例控除対象）	共同募金、日赤その他の寄附	都道府県条例指定寄附	市区町村条例指定寄附
						特別徴収	自分で納付				
								5,000			

	退職所得のある配偶者・親族の氏名	個人番号	続柄	生年月日	退職所得を除く所得金額	障害者	その他	寡婦・ひとり親
				明大昭平				

事業税	非課税所得など	番号	所得金額	損益通算の特例適用前の不動産所得		前年中の開（廃）業	開始 廃止	**住民税・事業税**
	不動産所得から差し引いた青色申告特別控除額			事業用資産の譲渡損失など		他都道府県の事務所等		

上記の配偶者・親族・事業専従者のうち別居の者の氏名・住所	氏名		住所		所得税で控除対象配偶者などとした専従者	氏名		給与	一連番号

整理欄	申告区分	申告等年月日		所得種類		申告期限	税理士法書面提出 30条 33条の2 ○	税理士署名・電話番号
	結局選用申文	法						03 － 3610 － 1801

2 「収入金額等」を記入

青色申告決算書⇒確定申告書（第一表）

　青色申告決算書で記載した「収入金額」を、確定申告書第一表に転記します。

3 「所得金額等」を記入

青色申告決算書⇒確定申告書（第一表）

　青色申告決算書で記載した「所得金額」を、確定申告書第一表に転記します。

4 「所得から差し引かれる金額」を記入

確定申告書（第二表）⇒確定申告書（第一表）

　次は所得控除です。

　所得控除とは、「所得金額から差し引ける金額」です。つまり、所得税の計算をするにおいて、所得金額から差し引けるという点では、必要経費と同じことになりますが、必要経費とは違う項目として確定申告書への記載が必要となります。

　所得控除の項目は、次のように、いろいろあります。

■所得控除の種類
①社会保険料控除
②小規模企業共済等掛金控除
③生命保険料控除
④地震保険料控除
⑤寡婦控除・ひとり親控除
⑥勤労学生控除・障害者控除
⑦配偶者控除・配偶者特別控除
⑧扶養控除
⑨雑損控除
⑩医療費控除
⑪寄附金控除
⑫基礎控除

こんなにも、所得控除の項目があります。また、これはあくまでも申告書

に基づいての項目になります。

　整理すれば、①〜④・⑩・⑪は「実際に支出した金銭での控除項目」です。⑤〜⑧は、「生活環境・家庭・親族の関係での控除項目」です。そして、⑫は「確定申告する人に共通する項目」です。なお、⑨は「災い等による特殊な控除項目」ですので、滅多に登場することはない控除項目になります。

（1）社会保険料控除

　国民健康保険料・国民年金保険料（基金を含む）・介護保険料といった社会保険料を支払った場合、支払った金額を社会保険として控除することができます。

　社会保険料については、その年に支払った全額を控除することができます。

●社会保険料控除額

	控除額
社会保険料控除	支払った金額

　支払った社会保険料金額については、支払証明書や納付済み証で確認します。銀行口座で自動引き落としされている場合には、通帳で確認します。

　そして、支払った社会保険料について、その内訳を第二表の社会保険料控除の欄に記載します。

	保 険 料 等 の 種 類	支払保険料等の計	うち年末調整等以外
⑬⑭ 小規模企業共 社会保	国民年金	198,240 円	198,240 円
	国民健康保険	70,000	70,000

　そして、その金額を第一表の「⑬社会保険料控除」の欄に転記します。

| （①から⑥までの計＋⑩＋⑪） | ⑫ | | | | 1 | 3 | 1 | 0 | 7 | 2 | 0 |
| 社会保険料控除 | ⑬ | | | | | 2 | 6 | 8 | 2 | 4 | 0 |

　社会保険料控除の対象となる支払金額ですが、本人のみの金額に限りません。

　生計を一にしている家族の分の社会保険料も控除の対象となります。例えば、大学生である生計を一にした子供の国民年金保険料を支払った場合、支払った金額は社会保険料控除として対象金額に算入されます。

（2）小規模企業共済等掛金控除

　小規模企業共済とは、①小規模企業の経営者や個人事業主が廃業や退職の事態に陥った際に、その後の生活を安定させたり、事業の再建に備えたりできるようにすること、②小規模企業経営者や個人事業主は一般の労働者・従業員と比べ、社会保険や労働保険など各種制度の恩恵を受けることが少なかったため、そういった社会保障政策の不備を補充する機能を果たすこと、を目的としている制度です（中小機構ホームページ https://www.smrj.go.jp/index.html）。

	控除額
小規模企業共済掛金等控除	支払った金額

　個人事業者であれば、加入しておけば、廃業の際に解約金が受け取れたり、また、貸付金を申し込めたりするので、有効な制度と言えます。

　小規模企業共済等掛金については、その年に支払った掛金の全額を控除することができます。控除証明書が発行されますので、それに基づいて控除額を記載します。

　小規模企業共済等掛金については、支払った金額を第二表の小規模企業共済等掛金控除の欄に記載します。欄は、社会保険料控除の欄と一緒になっています。

小規模企業共済掛金		36,000	36,000

その金額を、第一表の「⑭小規模企業共済等掛金控除」の欄に転記します。

| 所 | 小規模企業共済等掛金控除 | ⑭ | | | | 3 | 6 | 0 | 0 | 0 |

（3）生命保険料控除

　生命保険料控除、とは、生命保険料・介護保険料・個人年金保険料を支払った場合に、一定の金額を所得から控除するものです。

　控除額の計算は、次のようになります。

●生命保険料控除の計算

　次の A〜C の合計額（最高 12 万円）

A．一般の生命保険料控除（一般の旧生命保険料・新生命保険料の控除）
　☞「（イ）の金額（最高 5 万円）」と「（ロ）の合計額（最高 4 万円）」
　　　とのいずれか多い方の金額

B．個人年金保険料控除（旧個人年金保険料・新個人生命保険料の控除）
　☞「（イ）の金額（最高 5 万円）」と「（ロ）の合計額（最高 4 万円）」
　　　とのいずれか多い方の金額

C．介護医療保険料控除
　☞（ロ）の金額（最高 4 万円）

（イ）旧契約（平成 23 年 12 月 31 日以前に締結した保険契約等）に基づ
　　　く場合の控除額

年間の支払保険料等	控除額
25,000 円以下	支払保険料等の金額
25,000 円超　50,000 円以下	支払保険料等×1/2＋12,5000 円
50,000 円超　100,000 円以下	支払保険料等×1/4＋25,000 円
100,000 円超	一律 50,000 円

（ロ）新契約（平成 24 年 1 月 1 日以後に締結した保険契約等）に基づく
　　　場合の控除額

年間の支払保険料等	控除額
20,000 円以下	支払保険料等の金額
20,000 円超　40,000 円以下	支払保険料等×1/2＋10,000 円
40,000 円超　80,000 円以下	支払保険料等×1/4＋20,000 円
80,000 円超	一律 40,000 円

　控除対象となる保険料の金額については、毎年秋口から年末ごろまでに保
険会社から送付されてくる生命保険料控除証明書で確認をします。

　生命保険料控除証明書は、各保険会社によって様式は異なりますが、記載
されている事項は変わりがありません。

　生命保険料控除証明書には、下記のとおりに記載がされています。

■証明額
20XX 年 9 月分までの保険料払込額を下記のとおり証明します。

一般	一般生命保険料①	配当金（相当額）②	一般証明額　①－②
	170,640 円	＊＊＊円	170,640 円
介護医療	介護医療保険料③	配当金（相当額）④	介護医療証明額　③－④
	10,557 円	＊＊＊円	10,557 円
年金	個人年金保険料⑤	配当金（相当額）⑥	個人年金証明額　⑤－⑥
	94,158 円	＊＊＊円	94,158 円

■参考
月払・半年契約で、本年中に 20XX 年 12 月分までの保険料を払込いただいた場
合、申告額は下記のとおりとなります。

一般	一般生命保険料①	配当金（相当額）②	一般証明額　①－②
	227,520 円	＊＊＊円	227,520 円
介護医療	介護医療保険料③	配当金（相当額）④	介護医療証明額　③－④
	14,076 円	＊＊＊円	14,076 円
年金	個人年金保険料⑤	配当金（相当額）⑥	個人年金証明額　⑤－⑥
	125,544 円	＊＊＊円	125,444 円

　確定申告で必要なのは、証明額でなく、年内 12 月分までの保険料が示さ
れた「参考」で示された金額です。

　そして、生命保険料控除証明書には、適用制度として「新制度」「旧制度」の表記がありますので、それに従って生命保険料控除額を計算します。

　この証明書に従って、支払保険料の金額を第二表の⑮欄生命保険料控除の内訳欄に記載します。

⑮生命保険料控除	新 生 命 保 険 料	50,000円	50,000円
	旧 生 命 保 険 料	30,000	30,000
	新個人年金保険料		
	旧個人年金保険料	12,000	12,000
	介 護 医 療 保 険 料	10,000	10,000

　そして、支払った保険料を先に示しました控除額の計算式に当てはめて、算出した金額を第一表の⑮欄生命保険料控除の欄に記載します。

得か	生命保険料控除	⑮				6	2	0	0	0

　生命保険料控除の場合ですが、社会保険料控除額・小規模企業共済等掛金と異なり支払った金額がそのまま控除額とはならず、控除額の計算式に当てはめて算出した金額が控除額となりますので、第一表へ記載する金額に注意が必要です。

（4）地震保険料控除

　地震保険料とは、特定の損害保険契約等に係る地震等損害部分の保険料または掛金を支払った場合には、一定の金額を所得から控除するものです。

　控除額の計算は、次のようになります。

保険の区分	年間の支払保険料の合計	控除額
A　地震保険料	50,000 円以下	支払金額の全額
	50,000 円超	一律 50,000 円
B　旧長期損害保険料	10,000 円以下	支払金額の全額
	10,000 円超　　20,000 円以下	支払金額×1/2＋5,000 円
	20,000 円超	15,000 円
A・B 両方がある場合		A・B それぞれの合計額（最高 50,000 円）

確定申告書の作成においては、損害保険会社から送付されてくる地震保険料控除証明書に記載された金額に基づいて申告します。

　地震保険料控除証明書は、各保険会社によって様式が異なりますが、記載されている事項は異なりません。

　下記にサンプルを示しましたが、このように「地震保険料」「旧長期損害保険料」の旨が明示されていますので、それに従って判断して計算します。

地震保険料	控除対象掛金	割戻金	控除対象掛金証明額
	11,161 円	＊＊＊円	11,161 円
旧長期損害保険料	共済掛金	割戻金	差引掛金
	80,400 円	＊＊＊円	80,400 円

　地震保険料と旧長期損害保険料は別々に明記されていますので、計算においては気をつけましょう。

　この証明書に従って、支払保険料の金額を第二表の⑯欄地震保険料控除の内訳欄に記載します。

⑯地震保険料控除	地　震　保　険　料	5,000円	5,000円
	旧長期損害保険料		

　そして、支払った保険料を先に示しました控除額の計算式に当てはめて、算出した金額を第一表の⑯欄地震保険料控除の欄に記載します。

生命保険料控除	⑮		6 2 0 0 0
地震保険料控除	⑯		5 0 0 0
寄附金控除 区	⑰		0 0 0 0

　地震保険料控除の場合も、生命保険料控除と同様に、支払った金額がそのまま控除額とはなりません。必ず、控除額の計算式に当てはめて算出した金額を控除額として第一表へ記載することに注意してください。

生命保険料控除証明書・地震保険料控除証明書の電子化について

生命保険料控除証明書・地震保険料控除証明書については、確定申告書に添付する必要があります。

生命保険料控除証明書・地震保険料控除証明書については、従来はハガキで送付されるのが通常でしたが、最近では電子データによって発行されてもいます（詳細につきましては、証明書の発行元である保険会社へ確認してください）。

電子データでこれら証明書を受け取った場合には、それを国税電子申告・納税システム（e-Tax）を通じて、電子データとして添付することが可能となっています。

（5）寡婦控除・ひとり親控除

自分が「寡婦」に該当する場合には寡婦控除を受けることができます。

「寡婦」とは、①夫と離婚した後婚姻をしておらず、扶養親族がいる人で、合計所得金額が500万円以下の人、②夫と死別した後婚姻をしていない人または夫の生死が明らかでない一定の人で、合計所得金額が500万円以下の人、で次に触れる「ひとり親」に該当しない人をいいます。

寡婦控除の控除額は、270,000円です。

寡婦控除の適用を受ける場合には、第二表の「本人に関する事項」の欄に丸印をし、死別・生死不明・離婚・未帰還のいずれかにレ点をいれます。

寡婦控除の控除額である270,000円を、第一表「⑰〜⑱寡婦、ひとり親控除」に記載します。

「ひとり親」とは、原則としてその年の 12 月 31 日の現況で、婚姻をしていないことまたは配偶者の生死の明らかでない一定の人で、①その人と事実上婚姻関係と同様の事情にあると認められる一定の人がいないこと、②生計を一にする子がいること（この場合の子は、その年分の総所得金額等が 48 万円以下で、他の人の同一生計配偶者や扶養親族になっていない人に限られます）、③合計所得金額が 500 万円以下であること、のすべてに該当する人をいいます。

ひとり親控除の控除額は、350,000 円です。

ひとり親控除の適用を受ける場合には、第二表の「本人に関する事項」の欄に丸印をします。

ひとり親控除の控除額である 350,000 円を、第一表「⑰～⑱寡婦、ひとり親控除」に記載します。

（6）勤労学生控除・障害者控除

自分が勤労学生であれば、勤労学生控除を受けることができます。勤労学生とは、次の要件を満たす場合をいいます。

勤労学生控除金額は、270,000 円です。

■勤労学生の要件

・給与所得などの勤労による所得があること

・合計所得金額が75万円以下で、しかも勤労に基づく所得以外
の所得が10万円以下であること

・学校教育法に規定する小学校、中学校、高等学校、大学、高等
専門学校などの学校の学生、生徒であること

本人に関する事項 (⑰~⑳)	寡婦		ひとり親	勤労学生	障害者	特別障害者
	□ 死別 □ 離婚	□ 生死不明 □ 未帰還		□ 年調以外かつ 専修学校等		

○ 雑損控除に関する事項(㉖)

	労働、ひとり親控除	分	~⑱			0 0 0 0
差	勤労学生、障害者控除	⑲~⑳		2 7 0 0 0 0		
	配偶者 区分	区分	㉑			0 0 0 0

　自分が障害者であれば、障害者控除を受けることができます。控除額は、次のようになっています。

障害の区分	控除額
障害者	270,000 円
特別障害者	400,000 円
同居特別障害者	750,000 円

本人に関する事項 (⑰~⑳)	寡婦		ひとり親	勤労学生	障害者	特別障害者
	□ 死別 □ 離婚	□ 生死不明 □ 未帰還		□ 年調以外かつ 専修学校等		

○ 雑損控除に関する事項(㉖)

	労働、ひとり親控除	分	~⑱			0 0 0 0
差	勤労学生、障害者控除	⑲~⑳		2 7 0 0 0 0		
	配偶者 区分	区分	㉑			0 0 0 0

（7）配偶者控除・配偶者特別控除

配偶者がいる場合には、「配偶者控除」「配偶者特別控除」を受けることができます。

まず、「配偶者控除」から確認をしていきます。

配偶者控除の控除額は、次のようになっています。なお、納税者本人の合計所得金額が 1,000 万円を超える場合は、配偶者控除は受けられませんので、注意してください。

納税者本人の合計所得金額	控除額	
	一般の控除対象配偶者	老人控除対象配偶者
900 万円以下	380,000 円	480,000 円
900 万円超 950 万円以下	260,000 円	320,000 円
950 万円超 1,000 万円以下	130,000 円	160,000 円

老人控除対象配偶者とは、控除対象配偶者のうち、その年 12 月 31 日現在の年齢が 70 歳以上の方です。

ここで注意をしておきたいのは、この控除の適用を受けるためには、次の要件を満たしていなければならない、という点です。

■控除対象配偶者の要件
・民法の規定による配偶者であること
・納税者と生計を一にしていること
・年間の合計所得金額が 48 万円以下であること
・青色申告者の事業専従者としてその年を通じて一度も給与の支払いを受けていないこと

個人事業者として注意をしておきたいのは、最後の「青色申告者の事業専従者としてその年を通じて一度も給与の支払いを受けていないこと」という要件だと思います。

事業所得の計算において、「事業専従者として必要経費を計上し、それに加えて配偶者控除を受ける」という税務上の恩恵の二重取りは認められない、ということです。

このことから、事業の内容によっては、「事業専従者給与を必要経費にせ

ずに、配偶者控除を受けた方が得だったかも」という結果になることもあり得るのです。

　また、事業専従者給与については、源泉所得税の徴収義務が発生しますし、たとえ徴収すべき源泉所得税額が0円であったとしても、その旨を記載した給与所得の所得税徴収高計算書を提出する必要がありますので、確定申告の結果から「やっぱり、専従者給与を計上するのはやめた」と調整ができるわけではないので、注意をしておきましょう。

　「配偶者の所得が高くて、配偶者控除の適用ができない」という方は、配偶者特別控除の適用について確認する必要があります。

　配偶者特別控除は、次のようになっています。

配偶者の合計所得金額	控除額		
	控除を受ける納税者本人の合計所得金額が		
	900万円以下	900万円超 950万円以下	950万円超 1,000万円以下
48万円超　95万円以下	380,000	260,000	130,000
95万円超　100万円以下	360,000	240,000	120,000
100万円超　105万円以下	310,000	210,000	110,000
105万円超　110万円以下	260,000	180,000	90,000
110万円超　115万円以下	210,000	140,000	70,000
115万円超　120万円以下	160,000	110,000	60,000
120万円超　125万円以下	110,000	80,000	40,000
125万円超　130万円以下	60,000	40,000	20,000
130万円超　133万円以下	30,000	20,000	10,000

　ちなみに、配偶者控除・配偶者特別控除は夫婦の間で互いに受けることはできません。

（8）扶養控除

　子供や両親など、生活費を支払っている扶養者がいる場合には「扶養控除」を受けることができます。

　扶養者の要件は次のようになっています。

> ■扶養親族の要件
> ・配偶者以外の親族で 6 親等内の血族および 3 親等内の姻族であること
> ・納税者と生計を一にしていること
> ・年間の合計所得金額が 48 万円以下であること
> ・青色申告者の事業専従者としてその年を通じて一度も給与の支払を受けていないことまたは白色申告者の事業専従者でないこと
> ・その年 12 月 31 日現在の年齢が 16 歳以上の人であること

　扶養控除についても、配偶者控除と同様に、「青色申告者の事業専従者としてその年を通じて一度も給与の支払いを受けていないことまたは白色申告者の事業専従者でないこと」が要件となっていますので、同じく注意が必要です。

　扶養控除の金額は、次のようになっています。

扶養の区分		控除額
一般の控除対象扶養親族		38 万円
特定扶養親族		63 万円
老人扶養親族	同居老親等以外	48 万円
	同居老親等	58 万円

　老人扶養親族は、「その年 12 月 31 日現在の年齢が 70 歳以上の方」をいいます。

　注意をしておきたいのは、老人扶養親族については、同居しているか否かで控除額が異なりますので注意が必要です。

「同居」しているとは？

　それでは、なにをもって「同居」していると判断するのでしょうか。

　高齢化社会を向かえている現在において、「両親が長期入院してしまっているのだけれども、同居になるのか？」とか「両親が老人ホームに入居している場合は同居老親として問題ないのか？」という質問をよく受けます。

　この点ですが、①病気治療のための入院は、その期間が1年以上の長期であっても「同居」になり、②老人ホームへの入居の場合は、老人ホームが居所になるので「同居にはなりません」。

　要は、生活場所の移転が本来のお住まいに戻ってくることが前提であるか否か、で同居と言えるかどうかが判断基準となります。

　配偶者控除・配偶者特別控除・扶養控除の適用を受ける場合には、第二表の「配偶者や親族に関する事項（⑳〜㉓）」の欄に記載します。

　そして、それぞれの適用額を㉑〜㉒の欄、㉓の欄に記載します。

（9）雑損控除

　雑損控除とは、災害または盗難もしくは横領によって、一定の資産について損害を受けた場合に受けられる控除です。災害・盗難・横領、という原因による損害を対象としている点で、非常に例外的な控除といえます。

　控除額を示しますと、次のようになります。

> 次のＡとＢのうちいずれか多い方の金額が雑損控除額となります。
>
> Ａ （損害金額＋災害等関連支出の金額－保険金等の額）
>
> 　　－（総所得金額等）×10％
>
> Ｂ （災害関連支出の金額－保険金等の額）－５万円

　損害金額については、警察署等が発行する被害額の証明書で確認します。災害等関連支出については、それらの領収書や保険会社が発行する計算書で確認します。

　雑損控除の適用を受ける場合には、「雑損控除に関する事項（㉖）」の欄に損害額等を記載します。

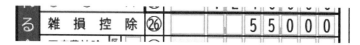

　損害額に応じて、先のＡ・Ｂの算式に当てはめて算出した金額を第一表の㉖欄に記載します。

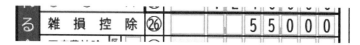

　ちなみに、雑損控除の対象となるのは、災害・盗難・横領による損害に限られます。したがって、オレオレ詐欺のように詐欺にあって生じた損害については雑損控除の対象とはなりません。

　災害・盗難・横領の場合は、自分の意思とは全く関係のない不可抗力の原因によって財産を失っているといえますが、詐欺の場合、騙されたといえども、一応、自分の意思で財産を失っていると言えるからです。

(10) 医療費控除

　医療費控除は、その年の１月１日から12月31日までの間に自己または自己と生計を一にする配偶者・親族のために医療費を支払った場合に、支払った医療費が一定額を超えるときに受けることのできる所得控除です。

　これは有名な所得控除といえると思います。フリーランスでなくても、確定申告時期には気になる医療費控除です。私のクライアントにも「確定申告は、医療費控除を受けるためにある手続きだと思ってました」という方もいるくらいです。

　医療費控除は、次のように計算します。

●**医療費控除**

⇒（実際に支払った医療費の合計額－Ａの金額）－Ｂの金額

Ａ　保険金（生命保険契約などで支給される入院費給付金や健康保険などで支給される高額療養費・家族療養費・出産育児一時金など）で補填される金額

Ｂ　10万円（その年の総所得金額等が200万円未満の人は、総所得金額等の５％の金額）

　医療費控除で注意をしていただきたい点が二点あります。

　一点目は、差し引くべき保険金等で補填される金額（上記Ａ）ですが、その給付の目的となった医療費の金額を限度として差し引く、という点です。仮に、ある病気で支払った医療費について、支払った医療費以上に保険金等が補填された場合であっても、あまった保険金額等を別の医療費から差し引く必要はありません。

　二点目は、「医療費控除は10万円を超えなくても受けられる場合がある」という点ですその年の総所得金額等が200万円未満である場合には、「総所得金額等の５％の金額」を超えた医療費が控除の対象となります。

　医療費控除の集計に関して、国税庁ホームページで、医療費集計フォームが公表されておりますので、そちらを活用するのも有効でしょう。

◉**国税庁ホームページの医療費集計フォーム**

医療費控除の適用を受ける場合、第二表への記載はなく、代わりに「医療費控除の明細書」を作成します。

医療費控除の明細書

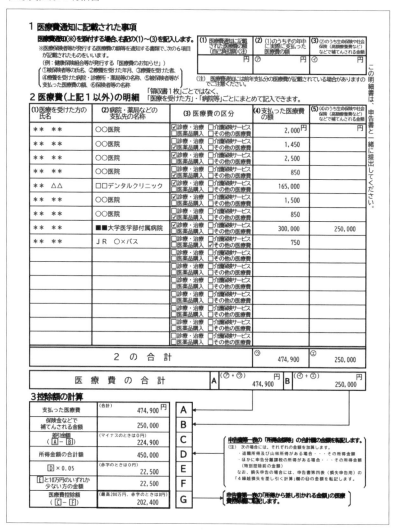

　この明細が、第二表への記載の代わりとなります。そして、計算した医療費控除額を第一表㉗欄に記載します。

　なお、家族の医療費は、所得に関係なく医療費控除の適用ができます。

　医療費控除の対象となるのは、「自己または自己と生計を一にする配偶者・親族のために支払った医療費」です。

　したがいまして、配偶者・親族の所得金額は関係なく適用対象となります。「配偶者の所得が高いので、配偶者にかかった医療費は医療費控除の対象とはならない」ということはありません。

医療費控除の対象となるのは「実際に支払った金額」

　医療費控除の対象となる医療費は、年内に実際に支払った医療費です。

　ですので、「12月31日時点では未払いで、実際に支払ったのは翌年の1月1日以降」という医療費は、その年では医療費控除を受けることはできず、実際に支払った翌年の確定申告で医療費控除を受けることになります。

　歯科治療ですと、治療費が高額なるケースがあり「支払はまとめて来年で」ということがままあります。

　医療費控除は、実際に支払った年分の確定申告で。この点についてはくれぐれも気をつけてください。

---

(11) 寄附金控除

　国・特定公益増進法人等、認定を受けた団体に対して寄附金を支払った場合に適用される寄附金控除があります。

　寄附金控除は、次のように計算されます。

●寄附金控除

　次の A または B のいずれか低い金額 − 2,000 円 ＝ 寄附金控除額

A　その年に支出した特定寄附金の額の合計額

B　その年の総所得金額等の 40 ％相当額

　この寄附金控除の対象となる支出か否かは、事前に、その団体のホームページで確認することもできます。また、領収書に「寄附金控除の対象」といった文言が入っておりますので、それで確認することもできます。

　寄附金控除の適用を受ける場合、確定申告書に寄付した先が発行する受領書の添付が必要となります。

　また、ふるさと納税もこの寄附金控除として確定申告します。ふるさと納税の場合にも、寄附先である地方団体が発行する受領書の添付が必要となりますが、ふるさと納税のポータルサイトを通じて行った場合には、ポータルサイト運営会社が発行する証明書を添付します。

　寄附した金額を、第二表の「寄附金控除に関する事項 (㉘)」に記載します。

○ 寄附金控除に関する事項(㉘)

寄附先の名称等	○○県△△市	寄附金	100,000 円

　そして、算式に当てはめて計算した寄附金控除額を、第一表㉘に記載します。

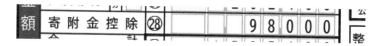

額 | 寄 附 金 控 除 | ㉘ | 98000

(12) 基礎控除

　最後に「基礎控除」です。

　しかし、「基礎控除」といっても誰もが適用されるわけではありません。

　基礎控除の計算は、次のようになっています。

本人の合計所得金額	控除額
2,400 万円以下	48 万円
2,400 万円超　2,450 万円以下	32 万円
2,450 万円超　2,500 万円以下	16 万円
2,500 万円超	0 円

　基礎控除については、以前は「一律に 38 万円」となっていたのですが、令和 2 年分の確定申告から、本人の合計所得金額に応じて控除額が減少していく仕組みに変更されました。合計所得金額が 2,500 万円を超えた場合には、基礎控除額が 0 円となり、もはや「基礎控除ではない」といっても過言ではないと思いますが、制度がそうなってしまった以上、どうしようもありません。

　それぞれの合計所得金額によって変わってくる、という点だけはご理解ください。

　基礎控除額については、ダイレクトに第一表㉔に記載します。

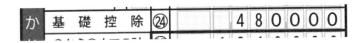

5　「税金の計算」を記入

確定申告書（第一表）

（1） 課税される所得金額の計算

　次の作業として「第一表㉚課税される所得金額」を計算します。

　課税される所得金額は、「第一表⑫（所得金額の合計）－第一表㉙（所得控除額の合計）」で計算します。なお、課税対象となる所得金額は 1,000 円未満切り捨てになります。

　この欄でも、「⑫－㉙」が明記されていますので、それに従って計算すれ

ばよいのです。

（2）税額の計算

いよいよ所得税額の計算をします。

「第一表㉚課税される所得金額」に記載した金額を、所得税率に当てはめて計算します。 所得税率は、次のようになっています。

●所得税率

課税所得金額	税率	控除額
1,000 円～1,949,000 円	5 %	0 円
1,950,000 円～3,299,000 円	10 %	97,500 円
3,300,000 円～6,949,000 円	20 %	427,500 円
6,950,000 円～8,999,000 円	23 %	636,000 円
9,000,000 円～17,999,000 円	33 %	1,536,000 円
18,000,000 円～39,999,000 円	40 %	2,796,000 円
40,000,000 円以上	45 %	4,796,000 円

※令和 19 年分の確定申告までは、所得税に加えて「復興特別所得税」（所得税額の 2.1 %）が加わります。

課税所得金額が 516,000 円の場合、「516,000 円×5 %－0 円＝25,800 円」となります。

そして、算出した税額を第一表㊶に記載します。

所得税は、課税対象となる所得金額が高額になればなるほど、高い税率が適用されます。ただ、単純に高い税率となるわけではなく「高い部分に高い税率を適用する仕組み」になっています。これを「累進税率」といいます。

高い税率に合わせて、控除される金額も高くなっているのは、そのような仕組みになっているからです。

「法人成り」について

　よく、「個人事業者でなく法人化すると税金が有利になる」といわれます。所得税は累進税率であるのに対して、法人税は、「比例税率」を適用して計算します。現在の法人税率は、15％(*)です。

　この税率からも、ある程度の所得金額がある場合には、法人化する方が確かに有利になります。また、法人化すれば役員給与を費用として計上することもできます。法人として社会的な信用も得ることができます。

　しかし、**法人化は、税金のメリットだけを考えてしてはいけません。**

　法人化をするならば、まずは経営体制を整えなければなりません。もちろん、しっかりと会計原則に従った経理が必要であり、簿記の知識についても当然に必要なものとなってきます。

　また、法人をやめようとする際にも、法人設立時と同様に手間がかかり、法人を閉鎖することは容易ではありません。

　加えて、法人化することにより、遠い将来において発生する相続税の際に会社財産の評価の問題も生じてくるかもしれません。

　法人化は慎重に考えるべきです。

（＊）資本金1億円以下の普通法人で所得金額が年800万円以下の場合です。

6 「その他」を記入

青色申告決算書⇒確定申告書（第一表）

　青色申告決算書で記載した【青色事業専従者給与】【青色申告特別控除額】を、確定申告書第一表に転記します。

7 青色申告決算書と確定申告書のつながり

　青色申告決算書で記載した【収入金額】【青色事業専従者給与】【青色申告特別控除額】【所得金額】を、確定申告書第一表に転記します。その部分を丸で示しておきます。

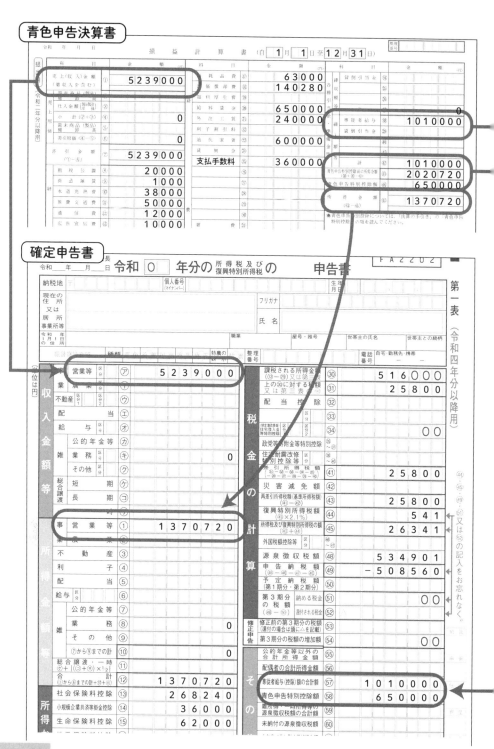

　青色申告決算書の①欄の収入金額は、確定申告書第一表の⑦欄に繋がり、青色申告決算書の㊺欄の所得金額は、確定申告書第一表の①欄に繋がります。

　そして、確定申告書の「その他」の欄に、青色申告者としての内訳として、青色専従者給与の金額を確定申告書第一表の㊺欄に、青色申告特別控除額の金額を確定申告書第一表の㊹欄に記載します。

　このように、青色申告決算書に記載した金額は、確定申告書の第一表につながっているのです。逆の言い方をすれば、**これら青色申告決算書と確定申告第一表がつながる金額が異なっている場合にはそれだけで誤った確定申告書、ということになります。**

8　記載する欄に迷ったら○番号を確認

　ここまで、確定申告書の作成を説明してきました。確定申告の作成手順は、「第二表への記載 ⇒ 第一表への記載」という作成手順が基本となります。

　もう気付かれたと思いますが、確定申告書は、とても分かりやすくできています。

　例えば、社会保険料控除については、第二表の記載欄に「⑬」と示されています。そして、第一表の社会保険料控除欄も「⑬」と示されています。このように、第二表の記載欄には第一表と同じ○番号が示されているのです。

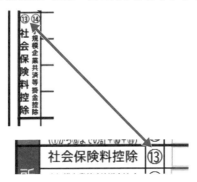

　確定申告書を作成していくうえで、記載する欄に迷ったら第二表に示されている○番号を確認していけば大丈夫です。

　確定申告書は、納税者が記載しやすい構成になっているのです。

9 住民税・事業税の部分の記載

　第二表の下のところに、「住民税・事業税」の枠があります。ここの部分の記載についての注意点について説明します。

　まず、住民税の枠ですが**ふるさと納税とそれ以外の寄附金について区分して記載する**ことを忘れないでください。

　個人住民税の計算上、ふるさと納税の控除額について、特別に【基本分】と【特例分（所得税の税率が考慮される分）】に分けて計算されますので、「都道府県・市区町村への寄附（特別控除対象）」と記載された枠に、ふるさと納税の寄附金を明記する必要がありますのでご注意ください。

　次に、事業税の枠ですが**事業専従者の氏名と給与金額を記載する**ことを忘れないでください。個人事業税額の計算においては、「事業専従者給与額」が計算要素として定められているため、明記することが必要となります（個人事業税の計算方法については、113ページをご参照ください）。

　これらの点は、申告ソフト等を活用すれば自動的に転記されるはずですが、キチンと転記されていることを提出前に確認しておくようにしましょう。

確定申告書の提出と納税

STEP 5

1 確定申告書をどうやって提出するか

確定申告書の提出方法には、3つあります。

（1）税務署へ自ら提出

税務署へ確定申告書を持参し、窓口に提出する方法です。もっとも単純な提出方法になります。

確定申告期の間は、ほとんどの税務署において、確定申告のためのコーナーが設けられています。その中に、提出する窓口も設置されていますので、そちらに持参します。

ただ、税務署の開庁は月曜日～金曜日、時間も 9:00～17:00 と時間的に限定されています。ですので、税務署へ自ら確定申告書を提出する場合には、その開庁している時間に税務署へ行く必要があります。

（2）郵送にて提出

税務署へ行くのも面倒だ、という場合には「郵送」で提出する方法があります。

この提出方法については、いくつか気をつけてほしいことがあります。これは次の点です。

① 必ず返信用の封筒を入れること

確定申告書を紙で提出する場合、その控えを受け取る必要があります。控えを返送してもらうための返信用封筒を入れることを忘れないでください。

② 必ず書留で発送する

郵送で提出する場合、書留で郵送することを心がけてください。書留であれば、郵便局の窓口で発送した日付が提出日となります。普通郵便の場合、税務署に申告書が到達した日が提出日となります。

確定申告書提出が締め切り日の 3 月 15 日になってしまった場合、3 月 15 日に書留で発送すれば、3 月 15 日が提出日になりますが、普通郵便で提出し

た場合には税務署に届いた日が提出日となってしまいますので、注意が必要です。

（3）電子申告

　e-Tax を利用する提出方法です。今はこの方法での提出が主流であると言って過言ではないと思います。

　電子申告は、PC でもスマートフォンでもできます。ただ、必要となる道具がありますので、注意が必要です。

　必要となるのは次のとおりです（状況により異なるため、国税庁のホームページもご確認ください）。

■PC で電子申告をする場合
・マイナンバーカード
・IC カードリーダライタ
・マイナンバーカードの読み取りに対応したスマートフォン
■スマートフォンで電子申告をする場合
・マイナンバーカード
・マイナンバーカードの読み取りに対応したスマートフォン

電子申告のメリット・デメリット

　電子申告は、今においては主流の申告方法といえます。ここで、電子申告のメリットとデメリットについて整理してみます。

1. 電子申告のメリット
・65 万円の青色申告特別控除額の適用を受けられる。
・郵送の手間暇が省ける。
・申告した日時が明確となる。
・還付申告となった場合、還付されるのが紙で提出するよりも早い。
・納税の際には、インターネットバンキングの利用が可能。

・e-Tax による提出で主に下記の添付書類が省略できる。

●電子申告で省略可能な主な証明書等

・社会保険料控除の証明書　・生命保険料控除の証明書

・地震保険料控除の証明書　・住宅ローン控除の借入金年末残高証明書
　　　　　　　　　　　　　　（2 年目以降のもの）

・医療費控除の領収書　　　・寄附金控除の証明書

・特定口座年間取引報告書

※これらの証明書等については、納税者が 5 年間保管し、税務署から提
　出や提示を求められた場合には応じなければなりません。

---

2. 電子申告のデメリット

・電子申告開始届の提出が必要となる。

・IC カードリーダライタ等、電子申告に必要となる機材が必要となる。

・マイナンバーカード等の電子証明書が必要となる。（マイナンバー
　カードがなくても国税庁ホームページ確定申告書作成コーナーを利用
　しての申告は可能です。）

② 納税の方法は複数パターン

　納税の方法は、いくつかあります。

（1）窓口納付

　税務署が発行する納付書に納税金額を記載して金融機関または税務署の窓
口で納付する方法です。

（2）振替納税

　納税者自身の名義の預貯金口座からの口座引落しで納付する方法です。こ
の方法で納付する場合には、事前に所轄する税務署または希望する預貯金口
座の金融機関へ専用の依頼書を提出する必要があります。この方法を選択し
た場合には、納付期限から約 1 か月後に引落しになるため、資金繰りに余裕
を持たせることが可能となります。

転居等により、納税地を所轄する税務署が変更となる場合は、改めて預貯金口座振替依頼書を変更後の税務署に提出する必要があります。

　なお、預貯金口座振替依頼書の提出の代わりに、確定申告書の振替継続希望欄に「○」を記載して提出することも可能です。

（3）ダイレクト納付

　e-Tax により申告書等を提出した後、納税者名義の預貯金口座から、即時又は指定した期日に、口座引落しにより納付する方法です。

　事前に税務署へ e-Tax の利用開始手続を行った上、税務署または利用される金融機関に専用の届出書を提出するか、e-Tax により届出書を提出する必要があります。

（4）インターネットバンキング等からの納付

　インターネットバンキングや ATM 等により納付する方法です。ダイレクト納付と同様に、事前に税務署へ e-Tax（国税電子申告・納税システム）の利用開始手続を行う必要があります。

（5）クレジットカード納付

　インターネット上でのクレジットカード支払の機能を利用して、国税庁長官が指定した納付受託者へ、国税の納付の立替払いを委託することにより国税を納付する手続です。

（6）スマホアプリ納付

　国税庁長官が指定した納付受託者が運営するスマートフォン決済専用のWeb サイト（国税スマートフォン決済専用サイト）から、納税者が利用可能なPay 払いを選択し、納付受託者に納付を委託する方法です。

　この方法は、納付する金額が 30 万円以下の場合に利用が可能です。

③　還付申告の場合にどうするか

　還付申告の場合、還付先の銀行口座を指定します。そして、確定申告書を提出した後、しばらくすると指定した口座へ入金されます。

　ここに記載せずに提出してしまった場合は還付しません、ということにはなりません。

　後に税務署から確認の問い合わせが来ますが、その分、還付される時期が相当に遅くなりますので、還付申告となった場合には絶対に記載漏れのないようにしましょう。

第 3 部

こんなときどうする？
困ったときのQ＆A

もっと効率よく確定申告書を作成したい！

　ここで、より効率よく確定申告書を作成するためのポイントをいくつか取り上げてみたいと思います。

1　会計ソフト・申告ソフトの活用

　まずは、PC を使って会計ソフト・申告ソフトを利用することです。実際、帳簿や申告書を手書きで行うことは、今のこの時代においては不都合極まりないと思います。

　それに、今や PC のみならず、スマートフォンで帳簿や申告書が作成できる時代です。実際に、筆者もスマートフォンで確定申告書作成のアプリを使ってみましたが、仕訳の入力から行うこともできて、とても楽に作業ができることに驚きました。

　会計ソフト・申告ソフトを活用することで効率よく確定申告の作成ができます。

2　国税庁ホームページの活用

　確定申告書の作成に関しては、国税庁のホームページを活用することもお勧めです。

　国税庁のホームページにアクセスしていただくと、「確定申告書等作成コーナー」というページがあり、そこに必要な事項や金額を入力することで、簡単に確定申告書が仕上がってきます。また、税額等は自動計算になっておりますので計算誤りはありません。これも、確定申告の作成を効率化させるためのアイテムとして有効です。

3　迷ったときは「タックスアンサー」

　確定申告をするにあたって、「こんな場合はどうするのだろう？」と判断

に迷うことがありますね。その時に誰に聞いたらいいのか。税務署に電話しても、基本的には答えてはくれません。

　そこで、活用したいのが国税庁のホームページにある「タックスアンサー」です。よほど特殊な事情がない限り、ここに回答を見つけることができる、といっても過言ではないと思います。

今年の売上が低くて予定納税が厳しい

　確定申告による納税が済めば、その年の所得税の計算は完了、ということになりますが、次の年においては「予定納税」があります。

　予定納税とは、「前年分の所得金額や税額などを基に計算した金額が15万円以上である場合に所得税の前払いをする制度」です。

　予定納税は、基本として前年の所得税額の3分の1ずつ2回に分けて前払いします。

　予定納税の納付期限ですが次のようになっています。

	納付期限
第一期	7月1日から7月31日まで
第二期	11月1日から11月30日まで

　予定納税した所得税は所得税の前払いですから、予定納税した年の確定申告書で相殺処理をします。

　予定納税額を記載するのは㊿欄です。

（㊾－㊻－㊼－㊽）	㊾					３	０	０	３	０	
予 定 納 税 額 （第1期分・第2期分）	㊿						１	０	０	０	０	０
第3期分	納める税金	⑸									０	０

　「去年は活動が好調だったけど、今年は去年並みに活動できません。前年の所得税の前払いなんてとても無理です！」というフリーランスの方。

　ご安心ください。

　そのような場合には、**「所得税及び復興特別所得税の予定の税額の減額申請書」を提出することにより、税務署から通知されてきた予定納税額を減額することが認められます。**

　所得税及び復興特別所得税の予定の税額の減額申請書は国税庁のホームページよりダウンロードできます。また、提出時期が次のようになっていますので、注意してください。

●所得税及び復興特別所得税の予定の税額の減額申請書の提出期限

	提出期限
第一期分・第二期分	7月1日から7月15日まで
第二期分のみ	11月1日から11月15日まで

確定申告書に間違いがあった！①
申告期限内に気づいた場合

　確定申告を無事に済ませた、と思っていたら誤りに気がついた。

　そういうことはあります。確定申告書の作成・提出は人間のやることですもの。

　確定申告書は提出してしまったらそれでもう修正ができない、というものではありません。誤りに気づいたら修正申告または更正の請求という手続きでその誤りを直すことができます。

　誤りを直す方法ですが、①確定申告期限内に誤りに気づいた場合と、②確定申告期限後に誤りに気づいた場合とで異なってきます。

1 確定申告書の再提出

　申告期限内に気づいた場合には、確定申告期限内に再び提出することになります。

　電子申告であれば、誤りを直した内容の確定申告書を再送信します。電子申告は、期限内であれば最後に送信された確定申告書データが有効となります。

　紙提出の方法で申告した場合には、再度、確定申告書を印刷して提出します。その際には、次のように確定申告書の上部に＜再提出＞と赤文字で記載し、再び提出する確定申告であることが分かるようにして提出します。

　提出する際には、誤って提出した確定申告書の控えのコピーも添付して提出しましょう。そうすれば、税務署の事務処理も円滑に進みます。

2　納税額・還付金額の精算

　期限内に確定申告書を再提出する場合、納税額と還付金額の精算が必要となります。

　納税額が修正前の確定申告書よりも増えた場合、差額を納税します。

　当初の確定申告が還付申告であった場合で、確定申告を再提出する前に既に還付金が還付されている場合には注意が必要です。

　再提出した確定申告書での還付金額が、当初の確定申告書よりも多い場合には、単に差額の還付を待つことになります。

　注意が必要なのは、再提出した確定申告書での還付金額が、当初の確定申告書よりも少なくなる場合と、還付申告でなく納税金額が生じた場合です。

　電子申告をした場合、還付金が還付されるタイミングは早く、期限内に電子申告した場合、還付金も期限内に還付されることが多いです。

　再提出した確定申告書での還付金額が、当初の確定申告書よりも少なくなる場合には、還付済みである金額と再提出による還付金額との差額を納税することになります。

　再提出した確定申告書が還付申告でなく納税金額が生じた場合、既に還付済みである金額と納税金額を合算して納税が必要となります。

　誤りに気がついて再度申告をする場合には、納税額・還付金額の精算に気をつける必要があります。

QUESTION 4 確定申告書に間違いがあった！②
申告期限後に気づいた場合

確定申告期限後に誤りに気づいた場合は、確定申告書の再提出というわけにはいきません。別の手続として、修正申告または更正の請求という手続を経る必要があります。

1 所得税額を少なく申告していたとき

確定申告期限後に、誤って所得税額を少なく申告していた場合には、誤ってしまった箇所を訂正し、その内容を記載した修正申告書を提出します。

修正申告書には、第一表のタイトル部分に【修正申告書】と明記します。

修正申告書を提出する際には、改めて第一表・第二表の提出が必要となります。

修正申告書は、第一表・第二表が誤りを訂正した後の確定申告書となります。（令和3年分以前の確定申告の修正申告をする場合には、第一表・第二表に加えて第五表［修正申告書の別表］の提出が必要となります。）

第一表には、修正申告後の金額を記載し、【修正申告】の㊼欄に当初の所得税額を、㊽欄に修正申告で増加する所得税の金額を記載します。

そして、第二表の【特例適用条文等】の欄に、修正申告をする理由を記載します。

修正申告は、所得税額が増えますので、その増えた所得税額に対しての延滞税や過少申告加算税といったペナルティが課されてきます。

これらのペナルティについては、修正申告を提出した後、税務署から納付通知が送られてきますので、それに従って納付することになります。

2 所得税額が多かった場合―更正の請求

当初の確定申告では、納付した所得税額が多かったまたは還付されるべき所得税額が少なかった場合、といった場合には「更正の請求」の手続が必要となります。

更正の請求をする場合には、確定申告書ではなく、特別に「所得税及び復興特別所得税の更正の請求書」がありますので、こちらを提出します。

税務署受付印

__5__ 年分所得税及び復興特別所得税の更正の請求書

_____ 税務署長

____年___月___日提出

納税地 (住所等)	（〒　　—　　　）	個人番号（マイナンバー）	
フリガナ 氏名		職業	電話 番号

令和 _5_ 年分所得税及び復興特別所得税について次のとおり更正の請求をします。

請求の目的となった 申告又は処分の種類	令和5年分所得税及び 復興特別所得税の確定申告	申告書を提出した日、処分の 通知を受けた日又は請求の 目的となった事実が生じた日	年　　月　　日
更正の請求をする 理由、請求をするに 至った事情の詳細等	医療費控除の適用を失念してしまっていたため。		
添付した書類			

請求額の計算書（記載に当たっては、所得税及び復興特別所得税の確定申告の手引きなどを参照してください。）

		請求額			請求額
総合課税の所得金額	事業（営業等）	1,370,720 円	税額	⑭に対する金額	2,750 円
				⑮に対する金額	
				⑯に対する金額	
				計	2,750
	合　計　①	1,370,720		配　当　控　除	
※	②			投資税額等の控除	
※	③			（特定増改築等） 住宅借入金等特別控除	
所得から差し引かれる金額	(社会保険料)(小規模企業共済等掛金)控除 ④	304,240		政党等寄附金等特別控除	
	(生命保険料)(地震保険料)控除 ⑤	67,000		住宅耐震改修特別控除等	
	寡婦・ひとり親、 勤労学生、障害者 控除 ⑥			差　引　所　得　税　額	2,750
	配偶者（特別）控除 ⑦			災　害　減　免　額	
	扶養控除 ⑧	1人 380,000		再　差　引　所　得　税　額 （基　準　所　得　税　額）	2,750
	基礎控除 ⑨	480,000		復興特別所得税額	57
	④から⑨までの計 ⑩	1,231,240		所得税及び復興特別所得税の額	2,807
	雑損控除			外　国　税　額　控　除　等	
	(医療費)(特例)控除 ⑪	81,464		源　泉　徴　収　税　額	
	寄附金控除 ⑫	3,000		申　告　納　税　額	2,800
	合　計　⑬	1,315,704		予　定　納　税　額 （第1期分・第2期分）	
課税される所得金額	①に対する金額 ⑭	55,000	第3期分の税額	納める税金 A	2,800
	②に対する金額 ⑮	,000		還付される税金 B	
	③に対する金額 ⑯	,000	この請求前の第3期分の税額 （還付の場合は頭に△を記載）C		6,900
			第3期分の税額の差額 （減少額C－A＋B）		4,100

※　②、③の各欄は、「分離短期譲渡所得」、「分離長期譲渡所得」、「一般株式等の譲渡所得等」、「上場株式等の譲渡所得等」、「上場株式等の分離配当所得等」、「先物取引の分離雑所得等」、「山林所得」、「退職所得」を記載してください。

還付される税金の受取場所	（銀行等の預金口座に振込みを希望する場合）	（ゆうちょ銀行の口座に振込みを希望する場合）
	＊＊ 銀行　金庫・組合　△△ 本店・支店 農協・漁協　出張所　本所・支所 普通 預金 口座番号 0123456789	貯金口座の 記号番号　　— （郵便局等の窓口受取りを希望する場合）
	公金受取口座への登録に同意する　□	（公金受取口座への振込みを希望する場合） 公金受取口座を利用する　□

※　個人番号（マイナンバー）の記載がない場合は、公金受取口座を登録・利用することができません。

税整理署欄	通信日付印の年月日 　年　月　日	確認	整理番号 0	番号確認	身元確認 □済 □未済	確認書類 個人番号カード ／ 通知カード・運転免許証 その他（　　）	一連番号

04.0

この用紙は、国税庁のホームページからダウンロードすることができます。更正の請求書には、誤りを訂正した確定申告の内容を請求額として記載します。そして、更正の目的、更正の請求に至った理由・事情の詳細等を記載することになります。

例えば、社会保険料の計上漏れを理由として更正の請求をする場合には、更正の目的として「社会保険料控除の適用」と記載し、更正の請求に至った理由・事情としては「社会保険料の支払金額を未確認のままで申告してしまった。」といった具合に記載します。

更正の請求書を提出すると、まず税務署はその誤りの内容等を審査します。その誤りの内容が正当と認められてから、納めすぎた所得税額・還付が足りない所得税額が還付されます。

税務署での審査がありますので、当初申告では提出省略だった証明書等について、更正の請求では原本提出が求められることがあります。

例えば、当初の確定申告で計上漏れしてしまった医療費控除を、更正の請求で計上した場合、医療費の領収書の原本の提出または提示が必要となります。当初であれば、医療費の領収書は本人の5年間の保存で足りるところ、更正の請求では原本の提出または提示が必要となり、ちょっと手間が必要となりますのでご注意ください。

この更正の請求ができるのは、原則として法定申告期限（その年の3月15日）から5年以内となります。

消費税はどうやって払う？

消費税について見ていきたいと思います。

1 消費税の基本的な仕組み

まず、消費税の基本的な仕組みとして、消費税は、売上げに係る消費税額から仕入れや経費に係る消費税額を控除した残額を納税するものです。

例えば、次のような例で確認していきましょう。

■例

①商品Aを10,000円で仕入れました。これにかかった消費税額は1,000円です。

⇒仕入れにかかった消費税額は1,000円。

②その商品Aを15,000円で売りました。これにかかった消費税額は1,500円です。

⇒売上げにかかった消費税額は1,500円。

この例で納めるべき消費税額を計算すると、

■消費税の計算

・1,500円（売上げにかかった消費税額）－1,000円（仕入れにかかった消費税額）

＝500円 ☞納める消費税額

売上げにかかった消費税額である1,500円から、仕入れにかかった消費税額である1,000円を差し引いた500円が納めることになる消費税額になります。

2 消費税の申告が必要となる人

　消費税の申告は、フリーランスの全員が行う必要があるわけではありません。一定の売上げ規模の方に限られます。

　消費税の申告が必要となる人は、次のような方です。

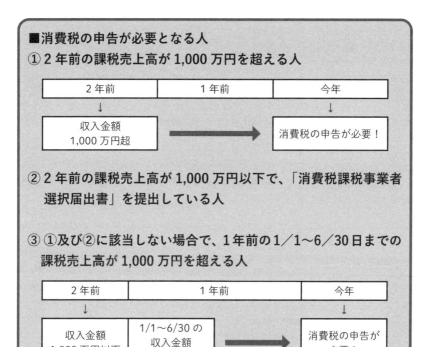

　消費税の申告が必要か否かは、2年前の課税売上高（または1年前の1/1〜6/30の課税売上高）が1,000万円を超えているか否か、で判断をします。

　仮に、今年の課税売上高が1,000万円以下であっても、2年前の課税売上高（または1年前の1/1〜6/30の課税売上高）が1,000万円を超えている場合には、消費税の確定申告が必要となります。

　ここで、課税売上という言葉を使いました。実は、消費税はすべての取引に課税されるわけではありません。土地の貸し付けとか、介護サービスの提

供とか、消費税に無関係な取引も例外的にあります。ただ、フリーランスの方の場合は、ほとんどが消費税の課税対象となる取引を行っていると思います。ですので、自分が消費税の課税対象者であるか否かを、2年前の売上（または1年前の1/1〜6/30の売上）の金額で必ず確認してください。

3 インボイスへの対応

消費税といえば、インボイス制度の問題があります。

インボイス制度は、2023年10月1日から開始されています。インボイスの登録をしたフリーランスの方は、適格請求書の発行が可能となります。そして、インボイスの登録をした場合、2年前の売上高がいくらであろうがなかろうが、消費税の課税事業者となり、消費税の申告が必要となります。

そこで、ひとつの救済措置として2割特例という制度が設けられております。

インボイス制度を機に免税事業者からインボイス発行事業者として課税事業者になったフリーランスについては、消費税額の納税額を、売上に係る消費税額から80％を差し引いて納付税額を計算することができる、という制度です。この制度を受けるための事前の届出は不要です。

2割特例は、インボイス制度を機に免税事業者からインボイス発行事業者として課税事業者になられた方が対象ですので、もともと課税事業者であるフリーランスの場合には適用がありませんのでご注意ください。

なお、2割特例を適用できる期間は、令和5年10月1日から令和8年9月30日までとなっていますので注意が必要です。

住民税・事業税の通知書と納付書が来た！

個人住民税と個人事業税についてのお話をします。

確定申告で、所得税の申告をすればすべて完了、というわけではありません。確定申告終了後に、地方税である個人住民税と個人事業税がきます。

個人住民税・個人事業税については、春過ぎにお住まいの市区町村から決定通知書と納付書が送られてきます。それに基づいて納税をすることになります。

住民税と事業税の納付期限は、次のようになっています。

住民税については、6月、8月、10月、翌年1月の各月末までが納付期限になっています。

事業税については、8月、11月の各月末日までが納付期限となっています。

住民税・事業税ともに、初夏から冬にかけて数回に分けて納税することになります。確定申告での所得税の納税期限と異なりますので、忘れた頃にやってくる、という感じがします。

仕方ありません。住民税・事業税の納付書が春過ぎに来るのは、確定申告の内容に基づいて、お住まいの市区町村が決定をしてくるものだからです。

確定申告を税務署へ提出すると、その内容が各市区町村へ伝えられ、それを基に住民税・事業税の納税金額が決定されるのです。その事務処理の手続き上、6月以降を納付期限とせざるを得ないのです。

事業の資金繰りに、住民税と事業税の納税を考慮しておくことが必要です。

1 住民税

住民税の対象となる課税標準は、確定申告で計算した所得金額とほぼ変わりません。税率は、基本として10％です。若干、異なる税率を設定している市区町村もありますが、10％は法律で定められた標準税率なので、基本的には一律10％として理解して問題はありません。

住民税について市区町村で異なってくるのは「均等割り」と呼ばれる部分

です。

　住民税で注意をしておきたいのは、所得税の計算においての所得控除額が違うことです。

　住民税の計算においては、①生命保険料控除額、②地震保険料控除額、③障害者控除額、④寡婦控除額・ひとり親控除額、⑤勤労学生控除額、⑥扶養控除額、⑦配偶者控除額、⑧配偶者特別控除額、⑨基礎控除額、が所得税の計算と異なっています。

●住民税の所得控除額の一覧

<table>
<tr><td rowspan="17">生命保険料控除額</td><td colspan="2">次のA・B・Cの合計額
A. 一般の生命保険料控除（一般の旧生命保険料・新生命保険料の控除）
☞【（イ）の金額（最高35,000円）】と【（ロ）の合計額（最高28,000円）】
　 とのいずれか多い方の金額
B. 個人年金保険料控除（旧個人年金保険料・新個人生命保険料の控除）
☞【（イ）の金額（最高35,000円）】と【（ロ）の合計額（最高28,000円）】
　 とのいずれか多い方の金額
C. 介護医療保険料控除
☞（ロ）の金額（最高28,000円）</td></tr>
<tr><td colspan="2">（イ）</td></tr>
<tr><td>年間の支払保険料等</td><td>控除額</td></tr>
<tr><td>15,000円以下</td><td>支払保険料等の金額</td></tr>
<tr><td>15,000円超　40,000円以下</td><td>支払保険料等×1/2＋7,500円</td></tr>
<tr><td>40,000円超　70,000円以下</td><td>支払保険料等×1/4＋17,500円</td></tr>
<tr><td>70,000円超</td><td>一律35,000円</td></tr>
<tr><td colspan="2">（ロ）</td></tr>
<tr><td>年間の支払保険料等</td><td>控除額</td></tr>
<tr><td>12,000円以下</td><td>支払保険料等の金額</td></tr>
<tr><td>12,000円超　32,000円以下</td><td>支払保険料等×1/2＋6,000円</td></tr>
<tr><td>32,000円超　56,000円以下</td><td>支払保険料等×1/4＋14,000円</td></tr>
<tr><td>56,000円超</td><td>一律28,000円</td></tr>
<tr><td colspan="2">地震保険料控除額</td><td></td></tr>
</table>

地震保険料控除額	支払地震保険料×1／2（最高25,000円）

障害者控除額	障　害　の　区　分	控除額
	障　　　　　害　　　　　者	270,000円
	特　別　障　害　者	400,000円
	同　居　特　別　障　害　者	750,000円
寡　　婦　　控　　除　　額		260,000円
ひ　と　り　親　控　除　額		300,000円

勤　労　学　生　控　除　額			260,000 円
扶養控除額	一 般 の 控 除 対 象 扶 養 親 族		330,000 円
	特　定　扶　養　親　族		450,000 円
	老人扶養親族	同居老親等以外	380,000 円
		同 居 老 親 等	450,000 円
配偶者控除額	一 般 の 控 除 対 象 配 偶 者		最高 330,000 円
	老 人 控 除 対 象 配 偶 者		最高 380,000 円
配　偶　者　特　別　控　除　額			最高 330,000 円
基　礎　控　除　額			最高 430,000 円

※他の所得控除額（寄附金控除は除きます）については、所得税の計算と同額です。

2 個人事業税

　個人事業税は、建前上は指定された第1種事業から第3種事業に該当する業種に課税される地方税ですが、ほとんどの業種が対象として指定されているので、事業を行っている方であれば課税される、と理解していてほぼ間違いはありません。

　税率は、業種ごとに3～5％となっていますが、フリーランスの方であれば5％になります。

　課税対象となる所得金額の計算ですが、次に示すように所得税の計算とは大きく異なります。

■個人事業税の計算式
（事業所得金額[＊1]＋事業専従者給与額－事業税の事業専従者給与額[＊2]＋青色申告特別控除額－事業主控除額[＊3]）
×税率（3～5％）[＊4]＝個人事業税の納税額

＊1：確定申告で計算した事業所得の金額です。
＊2：青色申告の場合には、所得税で計上した事業専従者給与額です。
　　　白色申告の場合、配偶者については86万円、その他の方の場合には1人につき50万円が限度となります。
＊3：年間290万円です。営業期間が1年未満の場合には月割り計算します。

　個人事業税の計算では、事業主控除額として年間290万円の控除が認められていますので、小規模の事業の場合には課税されないこととなります。

　個人事業税は、事業所得に限定はされていません。ですので、確定申告の上で雑所得として申告したとしても、その事業に継続性があり、金額も事業主控除額である290万円を超えているような場合ならば、個人事業税の対象となります。

　個人事業税の納付期限は、8月、11月の各月末日ですが、納税した個人事業税は租税公課として必要経費に算入することができますので、計上漏れのないようにしましょう。

　ちなみに、青色申告特別控除額を加算するのは、青色申告制度自体が所得税（国税）の制度であって、個人事業税（地方税）の計算においては関係しないからです。

フリーランスにとっての地方税

　ここで触れましたように、個人住民税・個人事業税は確定申告が終わって一息ついた頃に課税決定される税金なので、絶対に忘れないようにしてください。

　以前、あるプロ野球選手が手にした高額な年俸を得て確定申告した後、高級マンションや高級外車を購入してしまったため、個人住民税の納付に困ってしまったという話を聞いたことがあります。

　推測ではありますが、プロ野球選手の場合は年俸から所得税の源泉徴収がされていますが、年俸から源泉徴収されているのは国税である所得税ですから、遅れて課税決定される個人住民税について知らなかったが故の出来事だったのでしょう。

　個人住民税・個人事業税は忘れた頃にやってくる。これは理解しておいてください。

税理士に依頼するべきか、否か

　確定申告を行うにあたって、税理士に頼むべきなのか否か、迷われる方もいらっしゃると思います。たまに、「確定申告をするには、税理士さんに依頼しなきゃいけないものなんでしょ」と思っている方がいますが、それは違います。基本的には、確定申告は本人で行うことができます。税理士は、それの代行をしているにすぎません。

　それでは、確定申告は税理士に依頼すべきなのでしょうか。結論から申せば、「自分の考え方次第」ということになろうかとは思います。

　確定申告は、先に紹介した会計ソフト・申告ソフト、国税庁のホームページ等々を活用することによって、自分で簡単にできるものなので、無理に税理士に依頼をする必要はありません。

　ただ、確定申告を税理士に依頼した場合のメリットとしては、次のような点にあるかと思います。

1　時間の手間暇が省かれる

　皆様にとって、確定申告の作業は本業ではない「義務」です。しかも、所得税・住民税まで徴収させられる、なんのメリットを感じない作業です。しかし、「国民の義務」なのです。その義務の履行を税理士に依頼することで、時間的にも余裕が生まれ、それによって本業に集中するという精神的な余裕も生まれてくるかと思います。

2　特殊な個別事情に基づいて判断できる

　依頼された税理士は、帳簿や領収書を確認して確定申告の作業を進めていきます。特に、必要経費の判断については、その本人の特殊な個別事情があります。

　「一般論としては必要経費としては認められないかもしれないけれども、この人の商売の事情としては必要経費として認められるのではないか」

その検討・判断ができるのが税理士だと言えます。もちろん、必要経費でないものを必要経費にできる、という意味ではありません。あくまでも、「素人ではなく、プロとしての判断ができる」という意味です。

3 相続税や法人税など他の税目に関連しての判断ができる

実は、所得税の確定申告は、その場限りで終わるものではありません。同時に申告する消費税の問題もあります。法人化することを考えている場合には、法人税についても検討せねばなりません。また、将来において発生することになる相続税にも検討する必要があります。つまり、税金というものは、確定申告での所得税というひとつの税金のみで完了するものではなく、消費税・相続税・法人税等々、他の税金にも影響してくるものでもあります。税理士に確定申告を依頼すれば、所得税のみならず他の税金にも関連するアドバイス等を受けることが可能といえます。

8　実は、昨年まで確定申告をしていなかった

1　昨年分までの確定申告をしていない場合の対応策

「昨年分までの確定申告をしていない」という方もいると思います。また、「確定申告はしていないけれども、今まで税務署から何も言われてないから問題ない」と思っている方もいるでしょう。

それは、明らかな誤りです。できる限り早めに昨年分までの確定申告をしましょう。

確定申告は、毎年3月15日までに行わなければいけないのですが、それが過ぎてしまったらば確定申告をしてはいけない、ということではありません。

税金の時効は5年間とされています。つまり、税金については、過去に遡って5年分は申告する必要があります。

所得税を支払う必要があるのであれば、無申告加算税という税金のペナルティを支払う必要があります。逆に、所得税が還付になる確定申告（いわゆる還付申告）であれば、過去に遡って5年分の還付を受けることができます。

2　昨年分までの確定申告を今からする場合―期限後申告について

昨年分までの確定申告を今からする場合、提出する確定申告書は、「期限後申告書」という取り扱いになります。

期限後申告書を提出する場合に使用する申告書ですが、【期限後申告しようとする年分の確定申告書の様式】であることが必要です。

確定申告書の様式は、どの年分についてもおおむね変更されておらず、同じような様式に見えますが、細かな箇所で改正点が織り込まれており、毎年、若干の変更があるからです。

国税庁ホームページでは、過去の年分の確定申告書の様式で作成が可能と

117

なっていますので、そちらを利用すると便利です。

③ 期限後申告書のペナルティ──無申告加算税と延滞税──

期限後申告書を提出した場合、そのペナルティとして、「無申告加算税」と「延滞税」を、本税である所得税に加えて納税する必要があります。

そこで、無申告加算税と延滞税について、次に説明していきます。

（1）無申告加算税

無申告加算税は、原則として、次のような税率になっています。

●令和4年分まで

納付すべき所得税額	税率
50万円までの部分	15%
50万円を超える部分	20%

●令和5年分以降

納付すべき所得税額	税率
50万円までの部分	15%
50万円を超えて300万円までの部分	20%
300万円を超える部分	30%

※税務署の調査を受ける前に自主的に期限後申告をした場合には、税率についての軽減措置があります。なお、期限後申告であっても、期限後申告を法定申告期限（その年の3月15日）から1か月以内に自主的に行われている場合には、無申告加算税は課されません。

（2）延滞税

期限後申告をすることで所得税の納税が過去の年分に遡って必要となった場合、所得税の法定納付期限の翌日から完納する日までの延滞税が課されます。

延滞税は、次の算式により計算した金額の合計額（①＋②）となります。

$$① = \frac{納付すべき本税の額 \times 延滞税の割合_{(*1)} \times \begin{matrix} 法定納期限の翌日から完納の日 \\ または2月を経過するまでの日数 \end{matrix}}{365（日）}$$

$$② = \frac{納付すべき本税の額 \times 延滞税の割合_{(*2)} \times 2月を経過する翌日から完納までの日数}{365（日）}$$

＊1　年「7.3％」と「延滞税特例基準割合＋1％」のいずれか低い割合
＊2　年「14.6％」と「延滞税特例基準割合＋7.3％」のいずれか低い割合
＊3　ここでは、令和3年1月1日以後の期間に対応する延滞税の割合を示しています。

　ここでいう「延滞税特例基準割合」とは、金融機関の短期貸出約定平均金利を基準にして得た割合に年1％の割合を加算した割合で、その月によって変更があります。

　よって、「延滞税の割合は、法定申告期限から2月内であればおおむね7.3％。それを過ぎると2倍のおおむね14.6％」と理解して問題はないと思います。

4　そのまま確定申告をしなかった場合、どうなるのか？

　それでは、そのまま確定申告をしなかった場合はどうなるのか。

　結論から申しますと「遅かれ早かれ、必ず税務署に無申告であることが知られます」。

　税務署が無申告であることを知るきっかけは様々あります。

　取引先から支払調書が税務署へ提出されて知られるケース、あなたの取引先に税務調査があって、それによってあなたへ報酬等が支払われていることが知られるケース、また取引先が法人である場合には、申告書に取引残高の内訳書を添付するのですが、その内訳書にあなたの名前の記載があった、というケース、等々、様々なきっかけで税務署は情報を把握します。

　情報を把握した税務署は、あなたが確定申告をしているか否の確認を行います。そこで、無申告であることが判明しますと、直ちに税務調査の手続きに移行します。

　無申告であることに対する税務調査では、過去5〜7年に遡って帳簿・銀行口座等々を調査され、厳しい税務調査になります。

　結果次第では、無申告加算税よりも厳しいペナルティである「重加算税（40％の税率！）」が課されてしまうことにもなりかねません。

過去年分の確定申告をしていない方は、なるべく早めにその年分の確定申告をすることを、ぜひ、お勧めします。

著者紹介

田口　渉（たぐち　わたる）
昭和47年千葉県生まれ
平成9年帝京大学大学院法学研究科修士課程修了
平成11年税理士登録（東京税理士会）
田口渉税理士事務所開業　現在に至る

【現在の活動等】
東京税理士会・日本税務会計学会訴訟部門常任委員
租税訴訟学会理事
東京税理士会・会員相談室相談委員（電話担当）

フリーランス・個人事業主3年目からはじめる確定申告のしかた

2024年3月1日　初版発行

著　者　　田口渉
発行者　　大坪克行
発行所　　株式会社 税務経理協会
　　　　　〒161-0033東京都新宿区下落合1丁目1番3号
　　　　　http://www.zeikei.co.jp
　　　　　03-6304-0505
印　刷　　美研プリンティング株式会社
製　本　　牧製本印刷株式会社
デザイン　中濱健治（カバー）
編　集　　吉冨智子

本書についての
ご意見・ご感想はコチラ

http://www.zeikei.co.jp/contact/

ISBN 978-4-419-06973-5　C3034